이 많이 들어 있었다. 훗날 엘리자베스 1세는 이 화장품 때문에 납
중독에 걸리고 말았다.

그러나 엘리자베스 1세는 화장만으로 만족하지 않았다. 탈모 증
상을 가리기 위해 수없이 많은 가발을 장만했고, 무엇보다 수천 벌
이 넘는 화려한 옷을 갖고 있었다. 보석으로 뒤덮인 화려한 옷이 자
신의 외모를 돋보이게 해 줄 거라 믿었기 때문이다. 여왕은 새롭고
아름다운 옷만 입으려고 했고, 한 번 입은 옷은 절대로 두 번 입지
않았다.

옷을 입을 때도 아주 많은 시간이 걸렸다. 공식 행사에 참석할
때는 적게는 한두 시간에서 많게는 서너 시간까지 소요되었다. 여

여왕이 겉치레에만 신경 쓴 건 아니야. 스스로 "나보다 책을 많이 읽은 학자는 없다!"라고 말할 만큼 책을 많이 읽었대.

저렇게 입고 답답하지 않았을까? 목에 깁스한 것 같네.

러 겹의 옷을 맵시 있게 입어야 했고, 그 옷에 맞는 장신구도 세심하게 골라야 했기 때문이다. 그뿐만 아니라 여왕은 아주 사소한 부분에서도 자신의 화려한 모습이 잘 나타나기를 바랐기 때문에 조금만 신경이 거슬리면 하녀들에게 이렇게 소리쳤다.

"처음부터 다시!"

엘리자베스 1세는 조금의 빈틈도 용납하지 않았다. 누구와 마주치더라도 자신이 가장 아름답고 예쁜 모습이길 바랐다. 그래서 자기를 제외한 사람들은 모두 자신과는 반대로 수수한 옷을 입도록 명령했다. 이를테면 흰색이나 검정색 옷을 입도록 하여 오로지 자신만이 빛나 보이도록 했다.

이런 까탈스러움은 여왕이 나이가 들면서 점점 더 심해졌다. 늙어 가면서 외모는 더욱 초라해졌고, 그럴수록 여왕은 더 진한 화장을 하고 더 화려한 옷을 입었다. 그래서 엘리자베스 1세는 막강한 권력만큼이나 허영심이 강한 사람이었다는 평가를 받기도 한다.

종교의 자유를 허락하노라

영국의 절대 왕정 시대는 엘리자베스 1세 때 활짝 피어났다. 그녀는 왕위에 오르면서 놀랄 만한 발표를 했다.

"나는 국민들이 어떤 신앙을 갖든 간섭하지 않겠다."

이 선언에 국민들은 열렬한 환호를 보냈다. 왜냐하면 이때만 해도 유럽의 여러 나라들은 누가 국왕이 되느냐에 따라 구교(가톨릭교) 또는 신교(프로테스탄트)를 믿도록 강요받았기 때문이다. 이를 거부하려면 죽음을 각오해야 했다.

실제로 엘리자베스 1세가 왕위에 오르기 직전 영국을 통치했던 메리 1세는 국민들에게 가톨릭교를 강요했고, 자신이 가톨릭 신자임을 증명하는 서약을 하도록 명령했다. 거부하는 자는 그 자리에서 참수형을 당했다. 이 때문에 영국 국민들은 메리 1세를 '피의 메리(Bloody Marry)'라고 불렀다.

엘리자베스 1세가 사실상 종교의 자유를 허락하자 사람들은 크게 환호했다. 그녀가 마차를 타고 런던 거리를 지날 때면 시민들이

메리 1세가 어릴 때 엄마 캐서린이 아버지에게 쫓겨난 뒤로 새엄마에게 구박을 당했대.

그래서 여왕이 되자 가톨릭을 국교로 정한 거야. 아버지 헨리 8세가 이혼을 위해 로마 가톨릭을 버리고 영국 국교회를 만들었거든.

지금 내 얘기 하니?

메리 1세

그런데도 자신을 구박한 새엄마의 딸 엘리자베스 1세를 후계자로 정하다니, 대단해.

달려나와 만세를 부르기도 했다.

엘리자베스 1세는 이어 또 하나의 발표를 해 사람들을 놀라게 했다.

"짐은 결혼하지 않을 것이다."

누구보다 신하들이 이 발표에 기겁을 했다. 그들 대부분은 엘리자베스 1세가 여왕이 되더라도 결혼을 하게 되면 그 남편이 사실상 권력을 행사할 것이라 믿고 있었다. 그래서 의회는 그녀가 결혼하기 전까지 어떤 나랏일도 논의하지 않을 참이었다. 그런데 결혼을 하지 않겠다니!

의회와 대다수의 신하들은 여왕을 설득했다.

"여자가 홀몸으로 나라를 다스리는 것은 옳지 않습니다."

"만약 여왕께서 정말로 결혼하지 않는다면 누가 왕위를 계승한단 말입니까?"

아무리 설득해도 여왕은 결코 뜻을 굽히지 않았다. 그러자 에스파냐의 펠리페 2세가 나섰다. 그는 이미 세상을 떠난 메리 1세의 남편이기도 했다. 펠리페 2세는 편지를 보내 그녀에게 청혼했다.

"여왕께서 하시고자 하는 일을 조금 나눌 수 있는 배우자가 있다면 여왕께도 다행한 일이라 생각됩니다."

물론 엘리자베스 1세는 이마저도 단호하게 거절했다. 도리어 엘리자베스 1세는 사람들 앞에서 자신의 대관식 때 목사에게서 받은 반지를 들어 보이며 말했다.

"이 반지는 내가 이미 영국과 결혼했다는 징표이다. 이곳에 있는 모든 사람이 그리고 국민들이 나의 혈족이다."

그리고 엘리자베스 1세는 나랏일에 매진했다. 빈민 구제법을 제정해 노동력을 확보하고 이를 통해 산업을 보호하고 발달시켰다. 상업의 발전과 경제의 안정을 위해 화폐를 새로 만들기도 했다. 엘리자베스 1세는 누구보다 열정적이었으며, 과감하고 대단히 용기 있는 군주였다. 심지어 당시 유럽에서 가장 막강한 힘을 과시하던 펠리페 2세의 에스파냐에 당당하게 맞섰다.

애초에 영국은 에스파냐와 여러모로 사이가 좋지 않았다. 엘리자베스 1세에게 청혼했다가 거절당한 펠리페 2세는 메리 스튜어트

(헨리 8세 누나의 딸)를 도와 엘리자베스 1세를 폐위시킬 음모를 꾸미기도 했다. 또 영국이 지중해로 진출하고 식민지 경쟁에 뛰어들면서 에스파냐의 함대와 충돌이 잦았다. 특히 엘리자베스 1세는 해적으로 알려진 프랜시스 드레이크에게 기사 작위를 주어 에스파냐 상선을 습격하도록 명령하기도 했다. 이런 일들이 에스파냐를 크게 자극했고, 펠리페 2세가 직접 나서서 드레이크의 참형을 요구했지만 엘리자베스 1세는 거절했다. 이에 펠리페 2세는 영국과의 전쟁을 결심했다.

1588년, 펠리페 2세는 무적함대 130여 척을 이끌고 영국으로 향했다. 이 중에는 400톤이 넘는 큰 선박도 있었다. 이에 비하면 영국의 배는 보잘것없어서, 정면으로 맞설 경우 패배는 불 보듯 뻔했다. 영국 함대를 이끌던 하워드 경은 꾀를 냈다.

"에스파냐 함대는 틀림없이 우리 배를 가까이 끌어당겨 병사들을 상륙시키려 할 것이다. 우리는 적의 배가 가까이 다가오지 못하도록 하면 된다."

하워드 경의 작전은 성공적이었다. 영국 남부 플리머스 항구에서 기다리던 영국군은 에스파냐 함대가 다가오자 포를 발사해 옆구리에 구멍을 냈다. 이 때문에 에스파냐 병사들은 영국 배에 접근하지 못했다. 영국군은 또 낡은 배에 불을 질러 에스파냐 함대와 충돌시켰고, 그 바람에 에스파냐 함대는 더더욱 애를 먹었다.

하는 수 없이 에스파냐 함대는 다시 바다로 나가 북부로 우회하여 영국 본토에 상륙하려 했다. 하지만 이마저도 갑작스럽게 몰아닥친 폭풍우 때문에 성공하지 못했다. 에스파냐 함대는 70여 척의 배와 2만 명이 넘는 병사를 잃고 본국으로 돌아갔다. 무적을 자랑하던 에스파냐 해군에게는 치욕스러운 패배였다.

무적함대를 물리친 영국은 유럽의 새로운 강자로 부상했다. 엘리자베스 1세는 이 기회를 틈타 식민지 개척에 적극적으로 나섰다. 1600년에는 동인도 회사가 설립되었는데, 여왕이 동인도 회사를 적극적으로 도와주었고, 이는 영국의 상업이 크게 발전하는 계기가 되었다. 더불어 엘리자베스 1세의 힘도 더욱 막강해졌다.

그럼에도 불구하고 엘리자베스 1세는 함부로 권력을 휘두르지 않았다. 도리어 시민과 의회의 의견을 존중했으며, 그들과 자주 대화하면서 문제를 해결해 나가고 영국의 발전을 도모했다.

엘리자베스 1세는 국민에게 이렇게 말했다.

"나의 왕국, 나의 국민을 위해서라면 내가 비록 흙구덩이에 쓰러진다 해도 아무도 원망하지 않을 것이다."

원수의 나라를 도운 조선의 병사들

- 청나라의 성장과 발전

조선 스나이퍼의 활약

"전하, 청나라에서 원병을 청하여 왔사옵니다. 우리 조선의 실력 있는 조총수를 급히 보내 달라 하옵니다."

1654년, 청나라에서 조선에 사신을 보내왔다. 자신들의 전투에 지원병을 보내 달라고 요청하기 위해서였다. 그런데 이 요청은 선 뜻 이해가 가지 않는 것이었다. 청나라는 1627년(정묘호란)과 1636년(병자호란) 두 차례에 걸쳐 조선을 침략하여 쑥대밭으로 만들고 선조의 항복을 받아 낸 나라였다. 그런데 자신들이 침략했던 나라 에 지원을 요청하다니? 청나라의 막강한 기마병도 뚫지 못할 군대가 있었던 것일까?

청나라를 위협한 것은 어느새 동쪽까지 진출한 러시아였다.

"동쪽에 모피가 있다!"

이즈음 러시아는 국가 재정의 10퍼센트가량을 모피 수출로 마련하고 있었는데, 지나친 포획으로 동물들의 수가 점점 줄어들어 수출에 어려움을 겪고 있었다. 이에 러시아는 모피를 마련하기 위해서 점점 더 동쪽으로 나아갔고, 결국 동쪽에 있던 청나라와 충돌하게 되었다.

1652년 봄, 헤이룽강 연안의 알바진 요새 부근에서 두 나라는 처음으로 싸움을 벌였다. 애초에는 청나라 군사들의 수가 월등히 많았기 때문에 결과는 뻔한 것처럼 보였다. 그러나 청나라군은 이 싸움에서 크게 패하고 말았다. 러시아군이 사용하는 신형 소총 때문이었다.

러시아군은 모두 머스킷 소총으로 무장하고 있었는데, 먼 거리에서도 명중률이 높아서 대부분 활과 창으로 무장한 청나라군을 압도했다. 청나라군 쪽에도 소총수가 있긴 했지만, 오래된 화승총을 가지고 있었던 데다 고작 30여 명에 불과했다. 싸움이 급박해지자 청나라는 그들이 자랑하는 기마병을 내세워 대항했지만, 기마병은 오히려 머스킷 소총의 좋은 표적이 되고 말았다. 이후에도 청나라군은 더 많은 군사를 동원해 러시아군과 여러 번 싸웠으나 거듭 패하고 말았다. 상황이 이처럼 나빠지자 청나라는 조선에 소총수를 파견해 달라며 도움을 요청한 것이다.

이즈음 조선에는 매우 잘 훈련된 소총수들이 있었다. 그런데 이 소총수들은 사실 청나라를 겨냥한 것이었다. 국방력을 강화해서 조선을 침략해 항복시켰던 청나라에 보복하기 위해 효종의 지시로 만들어진 특별한 부대였다. 조선은 이 부대를, 도리어 청나라를 돕

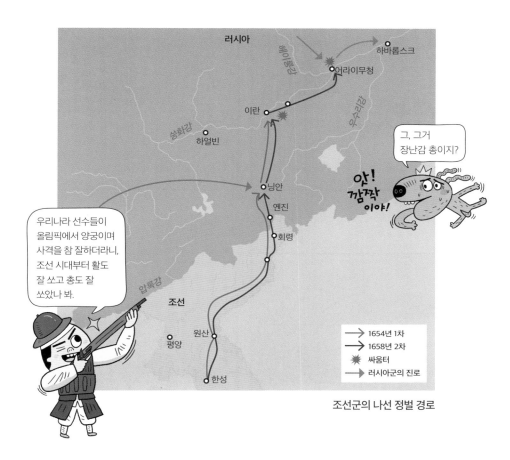

조선군의 나선 정벌 경로

기 위해 파견해야만 했다. 물론 조선이 오직 청나라의 강요 때문에 이런 결정을 내린 것은 아니었다. 조선 역시 외교적인 이익을 얻고자 소총수를 보낸 것이다.

조선의 소총 부대는 과연 그 뛰어난 실력을 입증했다. 1654년 쑹화강 중류에서 벌어진 러시아군과의 싸움에서 조선의 소총 부대는 청나라군을 도와 러시아군을 물리쳤다. 이 사건을 흔히 '나선 정벌'이라고 한다.

청나라군은 여러 척의 함선으로 러시아 요새 쪽으로 나아갔다. 러시아군은 큰 범선을 앞세워 청나라군의 진출을 막았다.

청나라군은 러시아군의 범선을 보고는 겁을 먹은 듯 후퇴하기 시작했다. 하지만 이것은 청나라군을 끌어 들이려는 유인 작전이었다.

얼마 지나지 않아 강가 언덕 위에 매복해 있던 조선군 소총수들이 러시아군을 향해 일제히 사격을 가했다. 러시아군은 속수무책으로 당할 수밖에 없었다.

결국 러시아군은 100여 명 이상이 목숨을 잃었다. 반면 조선군 소총수는 전사자가 단 한 명도 없었다.

이후에도 조선의 소총수는 한 번 더 청나라로 파견되었다. 조선 소총수의 도움으로 러시아군을 물리친 청나라가 그 기세를 몰아 러시아의 중요한 요지를 공격했으나 실패했기 때문이다. 두 번째 로 나선 러시아 정벌에서도 조선군 소총수는 크게 활약하였고, 마 침내 러시아군을 청나라 국경 너머로 완전히 몰아내는 데 성공했다. 청나라가 러시아와 네르친스크 조약(1689년)을 맺고 국경을 확장하는 데에 나선 정벌이 도움이 된 것이다.

중국 대륙의 마지막 왕조, 청

16세기 후반부터 명나라는 쇠퇴의 조짐을 뚜렷하게 보이기 시작했다. 밖으로는 몽골과 왜구가 끊임없이 국경을 위협했고, 안으로는 환관이 나랏일에 깊이 관여하여 정치적 혼란이 커졌다. 조선에서 일어난 임진왜란에 원병을 보낸 것도 경제적인 타격이 되었다. 백성들의 삶은 더욱 어려워졌고, 이 틈에 명나라의 간섭을 받던 여러 부족들이 점차 자립의 기회를 엿보기 시작했다. 무엇보다 여진족(후에 만주족)의 성장이 두드러졌는데, 이들은 빠르게 부족을 모아 세력을 확대하고 1616년에는 누르하치(청 태조)를 앞세워 후금을 건설했다. 후금은 20년 뒤 이름을 '청'으로 바꾸었다. 얼마 지나지 않아 청에는 좋은 기회가 찾아왔다.

명나라 조정이 극도로 혼란에 빠지자 지방의 관리들도 부패하여 백성들을 괴롭혔다. 가뭄으로 인한 굶주림에 관리들의 수탈까지 이어지자 견디지 못한 농민들은 반란을 일으켰다. 이들은 반란군 지도자 이자성을 중심으로 빠르게 세를 불려 나갔다. 오래지 않아 산시성과 허난성이 반란군의 손에 들어갔다.

마침내 이자성은 스스로 왕이라 칭하며 베이징마저 함락시켰다. 명나라 황제는 도망치다가 스스로 목숨을 끊고 말았다. 그런데 이때 명나라의 일부 신하들은 자신의 목숨과 지위를 지키기 위해 명나라를 배신하고 청나라에 도움을 청했다. 특히 명나라 장수 오삼계는 농민군을 토벌하기 위해 청나라 군사들을 북경으로 끌어들였다. 덕분에 청나라군이 너무나도 쉽게 북경을 손에 넣을 수 있었다. 이때 청나라 조정은 "우리는 반란군을 몰아내고 도성을 되찾았기 때문에 정당하게 명의 뒤를 잇는 왕조이다!"라고 주장하였다.

이후 곳곳에서 반청 세력이 반란을 일으켰지만, 이 또한 차례로 평정되었다. 심지어 청나라에서 관직을 받은 오삼계도 난을 일으켰지만, 그 역시 청나라 토벌군에게 진압되었다. 이런 과정을 거쳐 청나라는 대륙을 완전히 통일하였다.

이어 강희제(청나라 4대 황제)는 동쪽 끝에서 남하하는 러시아군을 물리쳤다. 처음에는 청군이 밀리는 듯하였으나, 조선 소총수들의 도움으로 러시아군을 몰아내고 국경을 확정하는 네르친스크 조약을 맺었다. 이 조약은 청나라와 러시아가 대등한 위치에서 맺은 최초의 조약이었다.

이처럼 청나라가 빠르게 성장할 수 있었던 것은 무엇보다 팔기제(누르하치가 설립한 군사 및 행정 조직. 여덟 개의 깃발군으로 조직되어 팔기제라고 부른다.)를 바탕으로 한 강력한 군사·행정 조직이 있었기 때문이다. 청나라는 이 강력한 군사력을 앞세워 절대 다수를 차지하는 한족을 철저하게 통제했다. 변발을 강요하고 만주식 의복을 입도록 했으며, 청 조정을 비방하는 자들을 가려 내어 단호하게 처벌했다.

'팔기'란, 황색, 백색, 홍색, 남색의 네 깃발과 여기에 각각 테두리를 더한 깃발까지 모두 여덟 개를 의미해. 한 깃발 아래 약 7,500명 정도의 군사가 소속되었대. 이 팔기군에 소속된 병사들은 여러 가지 특혜를 누렸어.

이게 팔기군의 모습이야? 팔기군과 고구려의 철갑 기병이 싸웠다면 누가 이겼을까?

한편으로는 과거제를 실시해 만주족과 한족 관료 수가 동일하도록 정했다. 뿐만 아니라 강희제는 인품이 훌륭하면 반청 인사까지도 관리로 등용했다. 이는 하루아침에 만주족의 지배를 받는 처지가 되어 버린 한족을 회유하기 위한 방법이기도 했다. 나중에는 팔기제에 한족과 몽골족을 참여시키기도 했다.

청나라 최고의 전성기는 강희제부터 옹정제(5대 황제), 건륭제(6대 황제) 시기에 찾아왔다. 강희제는 만주와 몽골을 비롯해 티베트와 신장, 타이완에 이르는 넓은 지역을 정복하여 청나라를 대제국으로 건설하였고, 학자들을 모아 《강희자전》(중국 최대의 한자 사전)을 편찬하도록 하여 학문을 크게 발전시켰다.

뒤를 이은 옹정제는 '황제란 사사로운 정을 버리지 않으면 안 된다.'라는 신념을 가지고, 친인척이라도 잘못을 저지르면 가차없이 처벌함으로써 정치의 모범을 보였다. 건륭제는 앞선 두 황제가 탄탄하게 초석을 다진 청나라를 번영의 길로 이끌었다. 특히 《사고전서》(청나라 때의 모든 서적을 분야별로 분류하여 정리한 책)를 편찬하는 등 다양한 문화 발전의 길을 열었다.

이처럼 세 황제가 지배하던 시기에는 평화가 지속되면서 산업이 발전하였고 무역이 활발해졌다. 특히 유럽에 수출한 차와 도자기가 인기를 끌었다. 청은 유럽과 똑같이 은을 화폐로 사용하고 있었으므로 교역은 더욱 활기를 띄었다. 그런데 유럽에서는 청의 물건을 많이 필요로 한 반면 청나라는 물자가 풍부해 수입할 만한 유럽 물품이 별로 없었기 때문에 폭발적으로 많은 은을 벌어들였다.

무역이 활발해지고 수입이 늘면서 도시가 발달하고 인구가 증가했다. 도시의 성장에 따라 서민의 지위가 올라갔고 그들의 문화도 활기를 띄었다. 특히 14세기부터 등장한 경극은 청나라 황금기를 맞아 크게 융성했다. 인쇄술의 발달로 각종 실용서는 물론 《홍루몽》 같은 소설도 발간되어 서민들 사이에서 널리 읽히기 시작했다.

또한 교역 과정에서 들어온 서양의 사상이나 기술이 청나라 문화에도 적잖은 영향을 미쳤는데, 무기 제작 방법이라든가 지도 제

여기가 청나라 황실의 정원이라며? 로코코 양식으로 지어진 거래! 그래선지 마치 유럽 어느 나라의 정원 같아.

그렇지? 그런데 이 정원이 아편 전쟁 때 프랑스-영국 연합군에게 파괴되었어. 유럽풍으로 지었는데, 유럽 사람들이 파괴하다니! 지금까지도 복구하고 있대.

중국 베이징에 있는 청나라 때의 황실 정원 '원명원'

작법과 같은 실용적 학문이 보급된 것도 그 결과였다. 여기에 더하여 원근법과 같은 서양의 화법, 바로크식 건축술도 이때 처음으로 중국 대륙에 전해졌다. 이 시기 융성한 경제, 문화, 학술 등을 바탕으로 청 왕조는 중화민국이 세워질 때까지 그 수명을 이어 갔다.

의문에 싸인
철가면
- 프랑스의 절대 왕정

철가면, 그는 누구인가?

1698년 9월의 어느 날, '산 자의 무덤'이라는 별명이 붙을 만큼 악명 높은 바스티유 감옥에 새로운 죄수가 한 명 들어왔다. 그런데 이 죄수는 아무도 알아보지 못하도록 얼굴에 가면을 쓰고 있었다. 그가 바스티유 감옥 앞에 도착했을 때는 주변의 모든 상점이 문을 닫아야 했고 누구도 주변을 지나다닐 수 없었다. 심지어 바스티유 감옥의 보초병들조차 이 죄수가 탄 마차가 지나갈 때는 등을 돌린 채 벽을 보고 서 있어야 했다.

소문에 따르면 이전에 있던 감옥에서도 그의 방에는 감시병조차 가까이 갈 수 없도록 겹문이 설치되어 있었고, 누구든 그에게 관심을 기울이는 자는 사형을 면치 못했다. 그는 바스티유 감옥에서도 가장 접근하기 어려운 탑 꼭대기에 홀로 수감되었다.

그런데 이상한 점은 바스티유 감옥의 사령관 생마르가 직접 이 죄수의 식사 시중을 들었다는 것이다. 더구나 그것은 당시 절대 권력을 휘두르던 루이 14세의 명령이었다.

죄수가 죽자 감방에 있던 모든 물건이 곧바로 불태워 없어졌다. 침구는 물론, 옷가지와 그가 평소 사용하던 물건들이 흔적도 없이 잿더미가 되었고, 그 재마저 사람들이 알 수 없는 외딴곳에 버려졌다. 이 역시 루이 14세의 명령이라는 소문이 돌았다.

그의 시신은 아무도 모르는 사이에 파리의 생폴 교회 묘지에 묻혔다. 얼굴은 오래도록 가면을 쓰고 있었던 탓인지 심하게 짓무른 채 일그러져 있었다고 한다. 묘비에 새겨진 이름은 외스타슈 도제였다. 하지만 이 이름이 죄수의 진짜 이름이라고 생각하는 사람은 아무도 없었다. 사람들은 그를 '철가면'이라고 불렀다.

철가면은 과연 누구였을까? 무슨 이유로 루이 14세의 특별한 관리와 감시를 받았던 걸까? 사람들은 제멋대로 추측하며 저마다 수군거렸다.

"철가면은 루이 14세의 숨겨진 형입니다! 형이 왕위를 탐내지 못하도록 철가면을 씌워서 가둔 것이지요!"

18세기 중반의 유명한 사상가 볼테르가 이런 주장을 내놓았다. 그런가 하면 소설 《삼총사》의 작가 알렉상드르 뒤마는 이렇게 추측했다.

"철가면의 죄수는 루이 14세의 쌍둥이 동생입니다. 애초에 루이 14세는 쌍둥이였으나, '왕비가 쌍둥이를 낳으면 나라가 망한다.'라는 양치기의 예언 때문에 동생을 숨겨서 키웠지요. 그러나 훗날 동생은 국왕이 된 자신의 형을 찾아왔습니다. 루이 14세는 왕실의 비밀을 지키기 위해 동생의 얼굴에 단단한 철가면을 씌우고 옥에 가둔 것입니다."

한편 외스타슈 도제가 죄수의 진짜 이름이라고 주장한 역사학자도 있었다.

"외스타슈 도제는 루이 14세 당시 친위대의 한 장교 이름입니다. 실제로 그의 아버지도 루이 13세(루이 14세의 아버지)의 부관이었지요. 어쨌든 외스타슈 도제는 매우 방탕한 자였고, 왕궁의 뜰에서 난동을 부리기도 했습니다. 그러더니 마침내는 왕을 위협하다가 붙잡혀 평생 감옥살이를 하게 되었습니다. 그런데 그의 얼굴은 루이 14세와 아주 많이 닮았습니다. 왜냐고요? 그가 바로 루이 14세의 이복동생이기 때문입니다. 이것을 빌미로 외스타슈 도제가 왕을 위협했던 것이지요."

그러나 어떤 가설도 정확하게 확인되지는 않았다. 도대체 왜 그는 무겁고 답답한 철가면을 쓴 채 무려 34년 동안이나 독방에 감금되어야 했을까?

중세에서 절대 왕정의 시대로

16세기 중반 무렵, 유럽은 영주들이 영토를 나누어 다스리던 중세 시대가 저물고 힘 있는 왕이 나라 전체를 다스리는 절대 왕정 시대로 나아가고 있었다. 중앙 집권 체제를 바탕으로 한 절대 왕정은 에스파냐에서 가장 먼저 자리를 잡았다. 특히 펠리페 2세는 드넓은 영토를 바탕으로 식민지를 개척하는 한편, 오스만 제국과도 싸워 이겼다. 무엇보다 에스파냐는 무적함대로 지중해를 장악하여 유럽에서 가장 부유한 나라로 발돋움했다.

이어 영국의 엘리자베스 1세 여왕이 강한 중앙 집권 체제를 확립했고, 누구도 대적할 수 없을 것 같았던 에스파냐의 무적함대(펠리페 2세가 편성한 해군 부대)와 싸워 승리함으로써 지중해 주도권을 빼앗았다. 그렇게 영국은 '해가 지지 않는 나라'의 발판을 다졌다.

프랑스가 절대 왕정의 기틀을 다지고 강력한 중앙 집권 국가를 이룩한 것은 루이 13세 때였다. 하지만 고작 아홉 살에 국왕이 된 루이 13세는 나라를 통치하기 위해 한동안 어머니의 도움을 받아야 했고, 어른이 된 뒤에는 재상 리슐리외에게 나랏일을 맡겼다. 리슐리외는 국왕이 절대적 권력을 가지고 강력하게 나라를 통치하는 것을 목표로 삼았다.

"국왕의 권위는 절대적인 것이며, 누구도 이 권위에 도전해서는 안 된다!"

리슐리외는 이렇게 선언하고 우선 중앙 관료의 권위를 강화하는 한편, 반대 세력을 무자비하게 탄압했다. 국왕이 하려는 일에 방해가 되는 세력은 누구를 막론하고 찾아내 제거했다. 심지어 당시까지만 해도 아무렇지 않게 행해지던 귀족들 간의 결투를 금지하고 어떤 문제가 생기든 왕의 재판에 따르도록 했다. 이로 인해 귀족들은 사소한 일조차 왕의 간섭을 받게 되었다. 리슐리외의 이러한 노력으로 루이 13세의 왕권은 안정되었다.

뒤를 이어 재상에 오른 마자랭은 한술 더 떴다.

"프랑스 국민은 국왕께 무조건 복종해야 합니다. 국왕은 신과 같은 존재이기 때문입니다."

왕의 권위는 하늘을 찌를 듯이 높아졌고, 덕분에 루이 13세의 뒤를 이어 왕위에 오른 루이 14세는 태양에 비유되었다. 국민들은 그를 '태양왕'이라고 불렀다. 마자랭이 세상을 떠나자 루이 14세는 이제 재상의 간섭이나 충고 없이 마음껏 권력을 휘둘렀다. 그는 이렇게 선언했다.

"짐이 곧 국가다!"

루이 14세는 권위만 내세운 것이 아니라 누구보다 열심히 일한 군주였다. 그는 영토의 구석구석까지 자신의 힘이 미치도록 애썼다. 자신에게 충성하는 인재를 지방에 파견해 다스리게 했고, 이는 중앙 집권제를 안정시키는 데 큰 도움이 되었다. 또한 약 20만 명에 달하는 군대를 훈련시켜 군사력을 강화했으며, 튀렌 장군을 여러 전선에 보내 영토를 확장했다. 이때 프랑스는 서쪽으로는 피레네산맥 부근까지, 동쪽으로는 라인강 변까지 진출하기도 했다.

한편으로는 상업 활동을 적극적으로 보호하고, 외국에서 기술자를 데려와 다양한 제조업을 발달시켰다. 이와 함께 식민지를 개척하는 일에도 힘써서 북아메리카의 미시시피강 유역에 자신의 이름을 딴 도시 루이지애나를 건설하기도 했다. 루이 14세가 통치한 약 70년 동안 프랑스는 유럽 최고의 국가로 거듭났다.

태양왕 루이 14세의 화려한 궁전

역사상 그 어떤 왕보다 절대적인 권력을 누렸던 루이 14세는 자신의 권위에 걸맞은 궁전을 갖고 싶어 했다. 그는 아버지 루이 13세가 사냥을 나갈 때 사용하곤 했던 베르사유 숲의 조그만 별장을 눈여겨보았다. 그리고 바로 그곳에 궁전을 짓도록 명령했다.

공사는 수십 년에 걸쳐 진행되었고, 마침내 전체 길이가 680미터에 이르는 거대한 궁전이 들어섰다. 완성된 궁전은 방이 700개

베르사유 궁전 : 루이 14세의 권력을 과시하기 위해 크고 호화롭게 지어진 베르사유 궁전은 넓고 잘 가꾸어진 정원으로도 유명하다.

에 창문이 2천 개가 넘었다. 그중 '거울의 방'은 양쪽에 17개씩의 거대한 유리창과 거울이 마주 보고 있어 화려함의 극치를 이루었다. 정원에는 그리스 신화에 나오는 신들의 석상이 수백 개나 세워졌는데, 이 신들의 얼굴은 루이 14세와 교묘하게 닮아 있었다. 심지어 물을 끌어들인 운하가 만들어지기도 했다.

루이 14세는 이 화려한 궁전에서 수많은 귀족들을 초대해 하루가 멀다 하고 연회를 열었다. 그때마다 방에는 수천 개의 촛불이 켜졌고, 운하에는 배가 떠다녔다. 그런데 루이 14세는 이곳에 초대된 귀족들에게 매번 까다로운 예절을 지키도록 했다. 절대 권력을 가진 국왕에게 잘 보여야 자신의 지위도 유지할 수 있었기 때문에 귀족들은 국왕이 시키는 것은 무엇이든 따랐다. 앞다투어 화려한 옷을 입었고, 사소하게는 궁전 안에서 걷는 방법이나 인사하는 법까지 꼼꼼하게 익혔다. 특히 루이 14세가 화려하고 사치스러운 것을 좋아했으므로 귀족들은 궁전을 자주 출입하기 위해 돈을 펑펑 써야 했다.

사실 이 모든 것은 루이 14세의 계략이었다. 이런 식으로 귀족들이 재산을 탕진하게 해서 그들의 힘을 빼앗으려는 의도였다. 실제로 많은 귀족들이 자신의 영지까지 팔아 치우며 국왕의 요구에 응했고, 그러다 보니 나중에는 왕이 내려 주는 하사품만 바라는 처지가 되고 말았다. 루이 14세의 계략이 성공한 것이다.

하지만 루이 14세의 화려한 생활은 민심이 등을 돌리는 원인이 되었고, 자기 과시에서 비롯된 끊임없는 영토 전쟁 등으로 국가 재정마저 고갈되었다. 이런 이유로 루이 14세 말기부터 프랑스는 막강했던 국력이 쇠퇴하고 점차 파산 상태로 치달았다.

같이 볼까?

아이언 마스크 랜달 월러스 감독, 1998

철가면이 루이 14세의 쌍둥이였을 것이라는 상상을 배경으로 한 영화로, 레오나르도 디카프리오가 1인 2역을 맡아 루이 14세와 옥에 갇힌 철가면을 연기했다. 루이 14세는 폭정을 휘두르고, 이에 맞서 삼총사는 은밀히 힘을 합해 감옥에 갇힌 쌍둥이를 왕으로 세우려 한다. 여기에 달타냥이 합세하여 화려한 모험을 벌인다.

진짜 대포로 전쟁놀이를 한 소년 황제
- 러시아의 근대화

전쟁놀이에 빠진 어린 황제

"저게 무슨 황제야? 그냥 망나니일세!"

1680년대 초 러시아의 한 시골 마을에서 사람들이 한 소년을 바라보며 손가락질을 해 댔다. 그도 그럴 것이, 고작 열댓 살밖에 되지 않은 이 소년은 수도승의 옷을 입고 친구들과 함께 대낮부터 술을 마시며 춤을 추고 있었다. 그뿐만 아니라 불과 며칠 전에는 러시아 정교회 앞에서 "나는 예수 대신 술의 신 바쿠스를 숭배할 것이다!"라고 외치기도 했다. 심지어 남의 집에 불쑥 들어가 먹을 것을 훔치는 일도 있었다. 이 소년 황제의 이름은 표트르 1세였다.

그런데 이 망나니 같은 소년이 정말로 황제였을까? 불과 몇 년 전까지만 해도 표트르 1세는 궁전에서 생활했다. 그러나 그가 열 살 때 이복형이자 황제였던 표도르 3세가 세상을 뜨면서 황제의

이 그림은 뭐야?
뭔가 무서워.

바실리 수리코프라는 화가가
그린 〈스트렐치 처형일 아침〉이야.
표트르 1세가 자신을 반대했던
스트렐치를 모아 처형하는 장면이지.

오른쪽 말 위에서 처형장을
보고 있는 사람이
표트르 1세야. 복수하는
기분이 어떨까?

자리를 두고 치열한 권력 다툼이 벌어졌다. 상당수의 신하와 표트
르 1세의 친척들은 그를 황제로 추대하고자 했다. 하지만 이복 누
나인 소피아가 반대하고 나섰다. 그녀는 스트렐치(러시아 황제의 친
위대)를 앞세워 궁을 장악한 다음, 어린 표트르 앞에서 그를 따르던
신하와 40여 명의 친인척을 무참하게 살해했다. 그런 다음 자신의
또 다른 동생 이반을 표트르와 공동 황제로 세우고 자신은 섭정을
시작했다.

하지만 목숨의 위협을 느낀 표트르는 궁전 밖에 나가 생활할 수
밖에 없었고, 이때부터 천덕꾸러기처럼 살았다. 공부는 게을리하

고 불량배들과 거리낌 없이 어울렸다. 특히 마을의 소년들은 물론이고 부랑자나 다름없는 아이들까지 끌어들여 전쟁놀이를 즐겼다.

그런데 이 전쟁놀이는 보통 아이들이 하는 것과는 달랐다. 나무 막대기를 칼처럼 휘두르는 게 아니라 진짜 칼과 총을 구해 쏘고 다녔다. 심지어 제복을 입고 깃발까지 들었다. 놀이가 시작되면 그럴싸하게 진군나팔과 북을 울리기도 했다. 나중에는 대포까지 구해와 야산에 쏘아 댔다. 그러다 보니 수백 명의 아이들이 표트르의 전쟁놀이에 따라다녔다.

"포를 쏘아라! 저 앞의 고지를 점령하라!"

어떤 때는 아이들의 전쟁놀이가 아니라 정말로 군인들이 전투를 하고 있는 듯한 착각이 들 정도였다.

소피아는 이런 표트르를 보며 내심 다행으로 여겼다. 그가 권력에 욕심을 부리지 않고 그저 철없이 전쟁놀이나 하고 지내면 자신에게 위협적인 존재가 되지 않을 것이기 때문이었다.

그러나 표트르 1세가 노린 것이 바로 이것이었다. 모든 것은 표트르의 연기였다. 자신이 목숨을 부지하고 훗날을 도모하기 위해서는 소피아를 안심시키고 그녀의 관심에서 멀어지는 것이 최선이었다. 표트르 1세의 예상대로 소피아는 그에게 관심을 두지 않았다. 이런 지혜는 표트르가 훗날 유일한 황제로 복귀할 수 있는 길을 터 주었다.

더욱 강한 러시아를 위하여

표트르 1세가 살던 당시 러시아는 유럽보다 뒤처져 있었다. 상공업도 발달하지 않았고, 17세기 말까지도 국민의 80퍼센트 이상이 농노(중세 봉건 사회에서 봉건 영주의 지배 아래 있던 농민)였다. 표트르 1세는 황제의 자리에 올랐을 때 이 점을 가장 아쉬워했다.

"우리 러시아가 부강해지려면 유럽을 본받아야 한다!"

사실 서유럽에 대한 표트르 1세의 관심은 궁전에서 쫓겨났을 때부터 생겨난 것이었다. 표트르가 살던 곳은 모스크바의 변방으로 외국인이 많이 모여 사는 곳이었다. 그는 장난꾸러기였지만, 한편으로는 러시아의 황제가 되기 위한 준비를 착실히 해 나갔다. 서유럽 사람들이 사는 모습을 관찰하고 그들의 지식과 기술을 배웠다.

1697년에는 서유럽의 선진 문물을 체험하기 위해 250명의 사절단을 이끌고 유럽을 방문하기도 했다. 네덜란드와 영국, 오스트리아 등을 돌아다니면서 공장은 물론 병원과 학교, 천문대까지 일일이 돌아보았다. 이때 표트르 1세는 자신이 황제인 사실을 숨기고 네덜란드의 조선소에 취업하기도 했다. 직접 망치질을 하고 배가 건조되는 모습을 지켜보면서 선진 기술을 도입해야 할 필요성을 더욱 뼈저리게 느꼈다.

러시아로 돌아온 표트르 1세는 본격적인 개혁에 나섰다. 가장 먼저 황제의 칙령을 발표해서 보다 간편한 독일식 의복을 입게 하고 긴 수염을 자르게 했다. 수백 명의 선박 건조 전문가를 채용하

고 필요한 설비들을 구입했다. 무엇보다 군사력 강화에 초점을 두고 함대를 새로 건설했다. 병사들의 훈련 방식도 바꾸고 군수 물자의 원활한 조달을 위해 관련 산업의 발전에도 힘썼다.

이외에도 중앙 집권 체제를 강화하고 행정 기구를 개편했으며, 교육 제도까지 모두 개혁했다. 특히 전 국민에게 초등 교육을 실시하여 국민 계몽의 틀을 확고하게 다져 놓았다. 심지어 표트르 1세는 외국어를 하지 못하는 귀족은 그 신분을 박탈하기도 했다. 물론 이런 급격한 개혁에 반발하는 무리가 없지 않았지만, 표트르 1세는 아랑곳하지 않고 반대 세력을 억누르며 과감하게 러시아를 탈바꿈시켜 나갔다.

　무엇보다 표트르 1세는 유럽으로 직접 진출하고 싶어 했다. 하지만 문제가 있었다. 유럽으로 나가기 위해서는 발트해를 통해야 했는데, 이 지역을 스웨덴이 장악하고 있었다. 방법은 전쟁밖에 없었다. 표트르 1세는 덴마크와 폴란드를 제 편으로 끌어들여 스웨덴과 싸우기로 했다. 그리하여 1700년, '북방 전쟁'이 시작되었다.

　표트르 1세는 자신이 있었다.

　"스웨덴 군대를 이끌고 있는 칼 12세는 고작 열아홉 살의 애송이에 불과하다! 우리는 단 며칠 만에 승리할 수 있다."

　그러나 싸움은 생각보다 만만치 않았다. 싸움이 시작되자 스웨덴 왕 칼 12세는 가장 먼저 러시아를 돕고 있는 덴마크를 공격해 손에 넣었다. 심지어 표트르 1세는 전투 중에 스웨덴 군대에 쫓겨 포위당할 뻔하거나 총상을 입기도 했다. 그러자 휘하의 장교 일부가 스웨덴에 항복하면서 더욱 고전을 면치 못했다. 그런데도 표트르 1세는 굴하지 않았다. 직접 전함을 수리하며 승리의 집념을 불태웠다.

마침내 표트르 1세는 스웨덴이 점령하고 있던 네바강 연안의 작은 요새를 점령했다. 그리고 바로 그곳에 발트해로 나갈 수 있는 거대한 도시를 짓기로 결심했다. 그 도시의 이름은 자신의 이름을 따서 상트페테르부르크라고 지었다. 표트르 1세는 한편으로는 도시를 건설하면서, 또 한편으로는 전쟁을 계속해 나갔다.

1709년 겨울, 마침내 결전의 순간이 다가왔다. 칼 12세는 전쟁을 끝낼 결심으로 러시아 땅 깊숙이 쫓아왔다. 그러나 곧바로 무시무시한 추위와 눈보라가 스웨덴 병사들을 덮쳤다. 수천 명이 얼어 죽었고, 더 많은 병사가 동상에 걸려 손발을 잃었다. 이어 벌어진 전투에서는 이미 사기가 떨어진 스웨덴 병사들이 낙엽처럼 쓰러져 갔다.

이 전투에서 심각한 부상을 입은 칼 12세는 장군들을 앞세워 다시 한번 러시아의 폴타바 요새를 공격했지만 역부족이었다. 연이어 벌어진 전투에서만 7천 명 이상이 죽었고, 장군들을 비롯한 수많은 병사가 포로로 붙잡혔다. 이들은 상트페테르부르크로 끌려가 도시를 짓는 데 동원되었다. 칼 12세도 다리를 절뚝거리면서 오스만의 영토인 몰다비아로 달아나야 했다.

북방 전쟁에서 승리한 후 표트르 1세는 '대제'라는 칭호를 얻었다. 특히 발트해를 손에 넣음으로써 북유럽 제일의 강국으로 발돋움할 수 있게 되었다. 그뿐만 아니라 폴란드까지 러시아의 세력권 안에 들어오면서 러시아는 더 이상 유럽에서 무시할 수 없는 나라가 되었다.

21세기로 소환된 조지 워싱턴
- 미국의 독립 전쟁

조지 워싱턴의 노예들

2016년 1월, 미국의 한 출판사가 낸 그림책이 파문을 일으켰다. 《조지 워싱턴의 생일 케이크》라는 동화책이었는데, 이 책을 읽은 상당수의 독자들이 그 내용을 문제 삼았다. 줄거리는 간단했다.

주인공 허큘리스는 미국의 초대 대통령 조지 워싱턴의 노예였다. 그는 주방에서 일하고 있었으며 요리 솜씨가 아주 좋았다. 허큘리스는 주인의 생일이 얼마 남지 않은 것을 알고 딸과 함께 설탕이 들어가지 않은 케이크를 정성스럽게 만들었다. 그리고 아주 예쁘게 장식한 케이크를 딸을 통해 주인에게 전달했다. 주인은 아주 기뻐했다. 그 모습을 보고 허큘리스는 요리사로서 자부심을 느끼고 무척 행복해했다.

그의 밝고 환한 모습이 그림책 가득히 그려져 있었다. 그러나 많은 독자들은 이 책에 비난을 쏟아 냈다.

"어떻게 노예가 주인을 위해 일하면서 행복해할 수가 있지?"

"노예제는 매우 불우한 역사이며, 이 책이 전달하는 메시지를 다시 생각해 보아야 합니다."

비판의 요지는 작가가 노예란 무엇이며 노예 제도의 실상이 어떠했는지를 전혀 모르는 사람이거나, 혹은 이 동화가 조지 워싱턴의 영웅적인 면만 부각시키려다가 나온 어처구니없는 작품이라는 것이었다.

그런데 뜻밖에도 작가는 이런 독자들의 반응에 반박하는 글을 올렸다.

"어떻게 노예가 행복할 수 있냐고요? 일부 노예들은 실제로 주인과 가까운 관계를 맺었고, 그들은 다른 노예들보다 더 나은 삶을 살았습니다."

여기에 나름대로 철저히 고증했다는 말도 덧붙였다. 하지만 시민들은 책 불매 운동에 나섰다.

"현재의 미국은 가장 자유로운 나라지만, 뒤틀린 과거가 있는 것도 사실입니다. 우리는 그 역사를 결코 가볍게 다루어서는 안 됩니다."

마침 이즈음에 '마틴 루서 킹 데이'(흑인 인권 운동가 마틴 루서 킹 목사를 기리기 위해 제정된 공휴일)가 겹쳐 있었던 탓에 성난 시민의 반응은 더 거세졌다. 잘못 쓰인 책 한 권이 역사를 왜곡할 수 있다는 의견도 많았다. 이런 반응에 놀란 출판사는 결국 《조지 워싱턴의 생일 케이크》를 전부 회수하기로 결정했다.

"작가, 화가, 편집자의 진정성을 존중하지만, 노예의 현실에 대해 잘못된 인식을 심어 줄 수 있으므로 이 책의 판매를 중단합니다."

물론 간혹 인간다운 대접을 받았던 노예도 있을 수 있다. 하지만 그들은 극소수일 뿐이고, 그 일부가 누린 삶이 노예 전체의 삶인 것처럼 전달되어서는 안 된다는 의미였다.

그런데 조지 워싱턴의 노예에 관한 논쟁은 2019년에 다시 벌어졌다. 샌프란시스코의 조지워싱턴 고등학교에는 조지 워싱턴의 동상과 함께 그의 생애를 담은 벽화가 그려져 있었다. 이번에는 주민들이 이 벽화를 문제 삼았다. 1936년 러시아 출신 화가 빅터 아노토프가 그린 13점의 벽화 중에는 원주민 학살과 함께 조지 워싱턴 대통령이 노예를 부리는 내용이 포함되어 있었기 때문이다.

특히 원주민의 후예로 자녀가 이 학교에 다닌다는 몇몇 주민들은 당장 벽화를 지워야 한다고 주장했다.

"이 그림은 백인 우월주의가 담긴 그림입니다. 예술을 빙자해 노예를 부리는 일을 정당화할 수도 있습니다."

그러나 백인 중에는 다른 생각을 가진 사람들도 있었다.

"벽화를 가리는 것은 잘못된 역사를 감추는 것과 다름없습니다. 역사는 있는 그대로 보아야 합니다. 지우는 것만이 능사가 아닙니다."

그런데 조지 워싱턴의 노예가 왜 이토록 문제가 되는 것일까? 미국의 초대 대통령 조지 워싱턴은 당시의 여느 귀족들보다 더 많은 노예를 소유하고 있었다. 미국의 독립 전쟁을 이끌었고, 초대 대통령으로서 미국이 독립된 국가로 첫발을 내딛는 데 가장 큰 공을 세웠던 그가 사실상 '노예 수집가'였던 것이다. 수백 명의 노예를 부리고 그 노예들을 이용해 부를 쌓았다.

애초에 워싱턴은 열한 살 때 아버지에게서 노예 열 명을 상속받았고, 결혼하면서 아내가 데리고 온 노예만 150명이었다. 물론 그가 노예들을 인간적으로 대했다고 전해지고는 있지만, 다른 한편으로는 "노예를 채찍으로 때리고 노예의 가족을 떼어 놓거나 노예상들에게 팔아넘기는 일도 잦았다."라는 기록도 남아 있다. 그가 아무리 관대한 사람이었다고 하더라도 당시 노예를 부리던 여느

앗!

엥?
틀니잖아?

응. 조지 워싱턴은 치통이
너무 심해서 충치를
다 뽑고 결국 틀니를 했대.

저 틀니에 사람의 치아도
있다고 하던걸.

백인들과 그다지 큰 차이는 없었다는 것이다.

더구나 조지 워싱턴은 노예에 대한 집착이 아주 심했다. 당시 미국에는 이미 노예 제도를 비판하는 여론이 많았고, 특히 펜실베이니아주에서는 "한곳에서 6개월 이상 머무른 노예는 풀어 준다."라는 법률이 통과되었다. 그러자 워싱턴은 꾀를 냈다.

"내 노예들을 다른 지역으로 잠시 이동시켰다가 데려와라!"

말하자면 오늘날의 '위장 전입'과 같은 방식으로 자신의 '재산'인 노예를 지키려 한 것이다. 심지어 워싱턴은 노예 한 명이 도망치자 하인들을 시켜 끝까지 따라가 잡아 오라는 명령을 내리기도 했다. 대통령이 된 뒤에도 그는 이전과 똑같이 노예를 부렸다.

조지 워싱턴은 죽을 때가 다 되어서야 자신의 노예를 모두 풀어 주라는 유언을 남겼다. 뒷날의 역사가들은 조지 워싱턴에게 재산을 물려줄 자식이 없었기 때문에 이런 유언을 한 것이라고 평가했다. 그가 죽기 직전 그의 집에 남아 있던 노예는 318명이었다.

미국이 독립을 이루기까지

1607년 영국인 144명은 지금의 버지니아주에 도착해서 최초로 제임스타운을 건설했다. 1620년에는 메이플라워호를 타고 온 청교도 102명이 뉴잉글랜드에 정착했다. 이어 1682년에는 윌리엄 펜이 펜실베이니아에 자리를 잡았다. 그 뒤로도 영국뿐만 아니라 아일랜드와 독일 사람들까지 아메리카에 뿌리를 내렸다. 이들은 저마다 독립된 의회도 열고 정치 조직을 만드는 등 조금씩 국가의 모습을 갖추어 갔다. 적어도 이 무렵까지만 해도 영국은 식민지에 크게 간섭을 하지 않았다.

그러나 7년 전쟁(1756년~1763년 슐레지엔 지방을 두고 프로이센과 오스트리아가 싸운 전쟁)에 개입했다가 경제적 위기에 몰리자 영국은 본격적으로 식민지를 수탈하기 시작했다. 본국의 경제적 어려움을 식민지에서 보충하려는 의도였다.

무엇보다 영국은 지폐 발행 금지법, 설탕법(식민지에서 수입하는 물품의 관세에 관한 법률), 인지세법(북아메리카 식민지의 각종 문서와 신문, 광고 등에 인지를 붙이고 세금을 내게 한 법률)과 같은 법을 제정해 가혹하리만치 세금을 거두어들였다. 이때 식민지 사람들은 "아메리카 식민지 의회가 동의하지 않는 세금은 낼 수 없다!"라면서 항의했다. 이에 대해 영국은 "식민지 사람들도 영국인이다."라며 거듭 세금을 강요했다.

1767년에는 영국 재무상 톤젠드가 톤젠드 조례를 제정했다. 영국에서 들여오는 종이, 유리, 잉크, 차(홍차) 같은 상품을 살 때 세금을 내라는 것이었다. 영국의 계속되는 조치에 분노한 식민지 사람들은 영국 상품 불매 운동에 나섰다.

"이제부터 영국 제품을 쓰지 맙시다. 필요한 건 우리가 직접 만들어서 쓰면 됩니다."

불매 운동의 효과는 아주 컸다. 식민지를 상대로 한 영국의 수출액이 줄어들면서 톤젠드 조례는 차에 대한 세금만 남기고 폐지되었다.

하지만 영국은 포기하지 않고 1773년에 다시 차 조례를 발표했다. 이 조례에 따르면 식민지에서는 영국 정부가 정해 놓은 상인만이 차를 팔 수 있었다. 차 무역의 독점권은 동인도 회사에게 주어졌다. 이 조치는 망해 가고 있는 동인도 회사를 살려 보려는 의도에서 비롯된 것이었다.

보스턴 차 사건을 그린 그림

이번에도 식민지 사람들은 호락호락하지 않았다. 불매 운동을 지속적으로 벌여 차를 실은 배가 항구에서 다시 영국으로 돌아가는 일이 발생하기도 했다. 심지어 보스턴에서는 주민들이 아메리카 원주민 복장을 하고 항구에 정박 중이던 동인도 회사의 배에 올라가 잔뜩 실려 있는 차 상자를 바다에 던져 버리기도 했다(보스턴 차 사건).

그러자 영국 정부는 더욱 강경하게 식민지를 압박했다. 보스턴 항구를 폐쇄하고 식민지 의회의 상원 의원을 영국 국왕이 임명하도록 했다. 그뿐만이 아니었다. 4천 명의 군대와 함께 새 영국 총독이 부임했다. 이들의 식량과 주둔 비용도 식민지에 부담시켰다.

식민지 사람들은 더 이상 참을 수 없었다. 패트릭 헨리, 조지 워싱턴, 토머스 제퍼슨을 비롯한 수십 명의 식민지 대표들이 긴급히 모여 1차 대륙 회의를 열었다. 이 회의에서는 보스턴 항구를 다시 열어 달라는 것과 영국군을 본토로 돌아가게 해 달라는 청원을 영국 정부에 보내기로 했다. 또한 벤저민 프랭클린을 보내 식민지 사람들이 세금을 낼 수 없는 이유를 설명했다. 하지만 영국 정부는 여전히 단호했다.

"무슨 소리! 식민지 사람들도 영국인이므로 세금을 내야 한다!"

식민지 사람들은 이렇게 받아쳤다.

"대표 없이는 과세도 없다!"

이 말은 아무리 영국 정부라도 식민지 의회의 승인을 얻지 않고서는 세금을 부과할 수 없다는 뜻이었다.

그러던 차에 보스턴의 콩코드에서 영국군과 민병대의 총격전이 벌어졌다. 민병대는 아메리카의 지역 주민들이 자신들을 지키기 위해 조직한 군대였다. 이 싸움에서 민병대는 물론 영국군도 200명이나 전사했다. 사실상 독립 전쟁의 총성이 울린 것이었다.

곧바로 2차 대륙 회의가 열렸다. 이 회의에서 조지 워싱턴이 식민지 군대의 총사령관에 임명되었고, 워싱턴은 민병대와 자원병들의 훈련에 나섰다. 이즈음 토머스 페인이 《상식》이라는 책을 발표했다.

"우리의 발전을 가로막는 정부에게 우리를 통치할 권리가 있는가? '결코 아니다!'라고 대답하는 사람이라면 누구나 독립을 찬성하는 것이다."

이 책은 1년 만에 수십만 부가 팔려 나갔고, 덕분에 독립 선언에 주저하던 사람들이 독립에 대한 확신을 갖게 되었다. 여론이 빠르게 '독립' 쪽으로 흘렀다.

1776년 7월 4일, 마침내 미국은 독립 선언서를 발표했다. 선언문은 토머스 제퍼슨이 썼다.

"모든 사람은 평등하게 창조되었다. 창조주는 양도할 수 없는 권리를 우리에게 부여했으며, 그 권리 중에는 생명과 자유와 행복을 추구할 수 있는 권리가 있다. …… 이에 아메리카의 주 대표들은 공정한 우리의 의도를 호소하는 바이며, 이 식민지의 선량한 국민의 이름과 권능으로 엄숙히 발표한다. 우리 식민지는 자유롭고 독립된 국가이며, 이 국가는 영국의 왕권에 대한 충성의 의무를 벗는다. 영

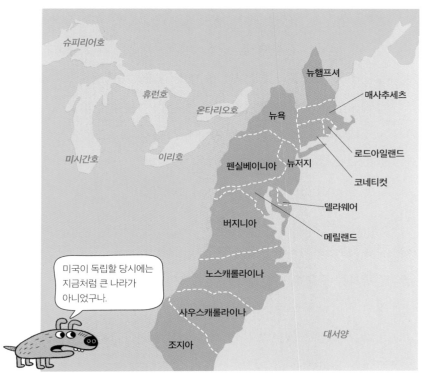

독립을 선언한 13개 주 : 미국은 독립 전쟁 당시 13개 주가 연합하여 영국과 싸워 독립을 이루었다.

국과의 모든 정치적 관계는 완전히 해소되어야 한다.”

곧이어 존 애덤스와 벤저민 프랭클린은 영국과 경쟁 관계에 있던 프랑스로 달려가 독립 선언에 대한 지지와 함께 실질적인 도움을 요청했다. 프랑스는 영국을 견제하기 위해서라도 식민지에 도움을 주기로 약속했다. 이제 남은 것은 전쟁이었다.

하지만 상황은 식민지 독립군에게 결코 유리하지 않았다. 훈련된 병사가 부족했고 무기도 변변치 않았다. 병사들 중에는 왕당파 사람들도 있어서 전쟁의 기운이 감돌자 영국군에 가담하는 경우도 있었다. 이런 상황을 간파한 영국군은 허드슨 강변을 따라 올라가며 독립군을 차례로 물리쳤다. 허드슨강을 경계로 양쪽을 막아 버리면 독립군 간의 연락이 끊기게 되고, 이는 독립군에게 치명적일 것이었기 때문이다. 당시 해상을 장악하고 있던 영국군으로서는 그다지 어려운 일이 아니었다.

곧 하우 장군이 이끄는 영국군이 뉴욕항에 들어왔다. 그들은 브루클린을 공격해 독립군 병사 천 명을 포로로 잡았다. 워싱턴에 요새를 구축하고 있던 독립군도 패하여 쫓겨났다. 이처럼 패전을 거듭하자 병사들은 물론 시민들까지 사기를 잃고 말았다. 실제로 워싱턴 장군이 이끄는 독립군의 뒤를 영국의 하우 장군이 바짝 뒤쫓고 있었다. 생각했던 것보다 독립 전쟁이 쉽게 진압될지도 모른다는 소문마저 돌았다.

워싱턴은 크리스마스를 기다려 반전을 꾀했다. 그는 영국의 주력군 중 하나인 독일인 용병 부대를 노렸다. 그들은 델라웨어강 변에 머물고 있었다.

"독일인들은 다른 어느 나라 사람들보다 크리스마스 파티를 좋아하지. 그날은 분명 경계가 허술할 거야."

워싱턴의 예측은 정확했다. 독일 용병들이 크리스마스 파티를 즐기느라 경계가 느슨해졌을 뿐 아니라 많은 병사들이 술에 취해 전투 태세가 흐트러졌다. 이때 워싱턴은 용병들을 우회해 강변 쪽의 연락선을 먼저 공격했고, 이를 지키기 위해 나선 부대를 급습했다. 이렇게 독립군은 대승을 거두었다. 그리고 얼마 뒤 독립군의 또 다른 부대는 존 버고인이 이끄는 영국군을 공격해 5천 명 가까이 되는 포로를 사로잡았다.

전쟁의 분위기가 완전히 바뀐 것은 프랑스군이 참전하면서부터였다. 프랑스는 1778년 2월 미국과 동맹을 맺고 곧 영국에 선전 포고를 했다. 스페인과 네덜란드는 군대는 보내지 않았지만, 차관을 제공하여 식민지의 독립 운동을 지지했다. 이에 다급해진 영국 정부는 라우 장군을 런던으로 불러들이고 후임으로 헨리 클린턴 경을 식민지로 보냈다.

한동안은 지루한 공방전이 이어졌다. 어느 한쪽도 승기를 잡지 못하고 일진일퇴를 거듭했다. 그러다가 독립군과 프랑스군은 요크타운에 모여 있는 영국군을 먼저 공격하기로 했다. 사실 이때 프랑스군 일부가 뉴욕을 공격할 태세를 취하고 있었기 때문에 콘윌리스 장군이 이끄는 요크타운의 영국군은 경계가 느슨했다. 독립군과 프랑스군은 이 틈을 노려 요크타운의 영국군을 포위했다.

뒤늦게 이 사실을 알게 된 콘윌리스는 급히 지원군을 요청했으나 소용없었다. 치열한 공방전을 벌인 끝에 영국군은 크게 패하고 뉴욕으로 후퇴해야 했다.

요크타운 전투에서 패배한 뒤 영국의 분위기는 크게 바뀌었다. 국내에서는 더 이상의 전쟁에 반대하는 여론이 거세졌고, 영국은 평화 협상에 나설 수밖에 없었다. 이때 식민지 대표들은 매우 강경하게 나왔다.

"식민지의 독립 선언을 승인하지 않는 한 평화 협상은 없다!"

식민지 사람들은 조금도 물러설 기미를 보이지 않았다. 결국 영국 국왕은 1782년 12월 5일 의회 연설에서 아메리카 식민지의 독립을 선언했다. 이듬해 미국의 독립을 공식적으로 승인하는 파리 조약이 발표되었다.

이후로는 모든 일이 순조롭게 진행되었다. 13개 주의 대표가 모여 토론을 벌인 뒤 각각의 주는 따로 행동할 수 있으며 밖으로는 한목소리를 낼 수 있는 헌법을 만들기로 했다. 그리고 독립 전쟁 때 큰 공을 세운 조지 워싱턴을 의회의 만장일치로 초대 대통령으로 선출했다. 수도는 워싱턴 D.C.로 결정했다. 독립 국가 미국은 이렇게 첫발을 내디뎠다.

같이 볼까?

패트리어트-늪속의 여우 롤랜드 에머리히 감독, 2000

미국의 독립 전쟁을 배경으로 하고 있기는 하지만, 이 영화는 무엇보다 아버지의 부성애가 잘 그려져 있다. 전설적인 전쟁 영웅이었으나 이제는 가족의 평화만을 위해 살기로 다짐한 벤자민 마틴. 그러나 첫째 아들이 영국군에 잡혀가고 둘째 아들마저 영국군에 살해당하자 다시 전쟁터에 나선다. 영국군의 식민지에 대한 집착과 식민지인들의 희생이 잘 표현되었다.

스파이로 오해받은
마리 앙투아네트

– 프랑스 혁명

마리 앙투아네트에 대한 오해와 진실

"빵이 없으면 케이크를 먹으면 되지 않나요?"

프랑스 혁명 직전, 루이 16세의 왕비 마리 앙투아네트는 배가 고파 아우성치는 군중들을 향해 이렇게 말했다고 한다. 이 때문에 프랑스 시민들은 더욱 분노했고, 마침내 프랑스 혁명을 일으켰다고 알려져 있다. 더구나 이렇게 말한 마리 앙투아네트는 자신의 고국으로 도망치려다 붙잡혔다. 그녀는 참수형을 당했고, 이후에도 200년이 넘도록 세상에서 가장 사치스러운 왕비로 언급되며 끊임없이 비난받았다.

하지만 훗날 역사학자들은 뜻밖에도 마리 앙투아네트는 그런 말을 한 적이 없다고 밝혔다. 도리어 이 말은 시민들을 자극하기 위해서 혁명군이 거짓으로 만든 말이었음이 드러났다.

모차르트는 어릴 때 오스트리아 궁전에 갔다가 넘어진 자신의 손을 잡아 준 공주님에게 청혼을 했대. 그 공주님이 마리 앙투아네트야.

얘, 앞이나 잘 보고 다니렴.

아름다운 공주님, 마음씨도 고우시군요. 저와 결혼해 주세요.

"마리 앙투아네트는 궁궐로 몰려든 군중들을 걱정하며 '배고픈 사람들에게 브리오슈(프랑스의 전통 빵)를 만들어 주세요!'라고 말했을 뿐입니다. 혁명군은 시민들을 자극하기 위해서 거짓을 퍼뜨렸습니다."

마리 앙투아네트에 대한 가장 큰 오해 중 하나는 '그녀가 너무나 사치스러워서 왕실 재정을 바닥내는 데 일조했다.'라는 것이다. 하지만 이것은 사실이 아니다. 이미 프랑스 왕실은 선대 왕들 때부터 재정이 어려운 상태였다. 거듭된 해외 원정과 전쟁, 귀족들의 사치로 인해 국고는 바닥이 났다.

이러한 사실을 잘 알고 있었던 마리 앙투아네트는 자신이 쓸 수 있는 재정 가운데 10분의 1만 사용하면서 왕실의 부담을 줄이려

고 애썼다. 그녀는 의외로 소박한 사람이어서 네 자녀들에게도 검소하게 살아가는 법을 가르쳤으며, 자녀들이 무언가를 원할 때는 그것이 꼭 필요한지 다시 한번 생각해 보라고 말했다고 한다. 그뿐만 아니라 하층민의 삶에도 관심이 많아 빈민가를 방문하기도 했으며, 가난한 아이들을 궁전에 초대해 위로하기도 했다.

　하지만 마리 앙투아네트를 가장 비참하게 만든 소문은 프랑스 혁명 기간 중에 발생했다. 본국인 오스트리아로 탈출하려다 붙잡힌 왕비가 외국과 내통하여 정보를 빼돌린다는 소문도 있었고, 심지어 고작 일곱 살이었던 아들을 성추행했다는 말이 떠돌기도 했다. 물론 이런 소문 역시 군중을 자극하기 위해 날조된 것이었을 가능성이 크지만 어머니로서 몹시 견디기 힘들었을 것이다.

결국 마리 앙투아네트는 혁명의 소용돌이 속에서 온갖 수모를 당하며 형장으로 향했다. 이때 그녀가 사형 집행인의 발을 살짝 밟고 말았다. 그러자 얼굴을 붉히며 "미안해요. 일부러 그런 건 아니었어요."라고 사과했다고 한다.

불붙은 혁명

루이 14세가 무리하게 베르사유 궁전을 지은 뒤로 프랑스는 내내 재정 적자에 시달렸다. 뒤를 이은 루이 15세 때도 이런 사정은 나아지지 않았다. 거듭 전쟁을 치렀고, 더욱이 미국의 독립을 돕느라 가뜩이나 부족한 국고를 탕진했다. 이런 상황을 루이 16세가 고스란히 이어받았다.

재정의 어려움을 극복하기 위해 왕실과 귀족들은 평민들에게 더 많은 세금을 부과했다. 평민들은 물건을 살 때마다 세금을 내야 했고, 농사를 지을 때도 빌린 토지에 대한 세금을 내야 했다. 심지어 다리를 건널 때도 통행세를 내야 했다. 평민들의 고통은 이루 말할 수가 없었다. 그러던 차에 1788년부터 몇 년간 흉년이 이어지면서 평민들은 굶주림에 시달렸다.

반면, 성직자와 귀족들은 온갖 특혜를 누리면서 사치를 부렸다.

루이 16세는 이들에게도 세금을 내라고 요구했지만 거절당했고, 더 이상 강하게 밀어붙일 수는 없었다. 아무리 왕이라도 귀족과 군대의 도움 없이는 아무것도 할 수 없었기 때문이다.

결국 1789년 5월, 루이 16세는 성직자와 귀족, 평민의 대표를 베르사유 궁전으로 불러 재정 문제를 논의하기로 했다. 이것이 바로 삼부회이다. 삼부회는 세 계급 출신 의원으로 구성된 프랑스의 신분제 의회이다. 하지만 성직자와 귀족은 평민을 무시했고, 평민 대표들에게 검은 옷을 입으라거나 쪽문을 이용하라고 강요하는 등 횡포를 부렸다.

무엇보다 투표 방식을 놓고 크게 갈등했다. 어떤 방식을 택하느냐에 따라 어느 신분이 유리한지가 결정되었기 때문이다. 자기들의 요구가 받아들여지지 않자 평민 대표들은 별도로 국민 의회를 만들었다. 그러자 루이 16세는 평민 대표들이 회의장에 들어오지 못하도록 막아 버렸다. 평민 대표들은 장소를 궁전의 한쪽에 있는 테니스코트로 옮겨 회의를 열었다.

"우리는 국민들을 위한 새로운 헌법이 만들어질 때까지 절대로 해산하지 않을 것이다!"

이 선언을 '테니스코트의 서약'이라고 부른다. 여기에는 평민들을 지지하는 일부 성직자와 귀족도 참여했다.

루이 16세는 해산을 명령했지만 이들은 듣지 않았다. 평민 대표들이 자신의 뜻을 거역했다고 여긴 루이 16세는 군대를 소집했다. 이 일로 베르사유 궁전에서 불과 20여 킬로미터 떨어진 파리의 시

바스티유는 원래 요새였는데 루이 13세 때 재상이었던 리슐리외가 감옥으로 만들었어.

감옥이긴 하지만 죄수들이 개인 물건도 가져올 수 있었대. 어떤 귀족은 감옥 안에서 풀코스 요리도 먹었다고 해.

감옥이야, 호텔이야?

민들은 긴장과 불안에 빠졌다.

"왕의 군대가 파리로 진군할 것이다!"

이런 소문이 돌면서 파리의 시민들은 자치 위원회를 만들고 민병대를 조직하는 등 발 빠른 움직임을 보였다. 시민들은 또 군대에 맞서기 위해 무장을 할 필요가 있다고 판단했다.

"총과 화약이 필요합니다. 바스티유 감옥으로 갑시다!"

시민들은 먼저 무기 판매점을 약탈하여 총기로 무장하고, 화약이 보관되어 있다는 바스티유 감옥으로 향했다. 그들은 커다란 대포로 바스티유 감옥을 겨누었고, 곧 바스티유 감옥의 수비대와 시민들 사이에 치열한 전투가 벌어졌다. 이 과정에서 수많은 시민이 다쳤지만, 그들은 마침내 바스티유 감옥을 차지했다. 시민들은 죄수들을 풀어 주고 무기와 화약을 확보함으로써 혁명의 불을 지폈다. 1789년 7월 14일의 일이었다.

베르사유에서 파리로 돌아온 루이 16세는 혁명을 상징하는 흰색, 붉은색, 푸른색으로 된 3색의 휘장을 받아들였다. 하지만 성난 시민들의 흥분은 쉽게 가라앉지 않았다. 시민들은 귀족들의 집을 습격하여 약탈했고, 심지어 그들을 해치기도 했다.

그러자 젊은 귀족들이 나서서 귀족의 특권을 스스로 포기하겠다고 선언했다. 국민 의회 대표자들은 이 선언을 열렬히 환영했다. 뒤이어 파리의 대주교가 십일조를 내지 않아도 된다고 발표했다. 그러자 시민들은 외쳤다.

"프랑스인은 진정 위대하다. 프랑스인으로 태어난 것이 얼마나 자랑스러운 일인가?"

이어 국민 의회는 '인권 선언'을 발표했다. 모두 17개 조항으로 된 이 선언에는 인간은 태어나면서부터 자유롭고 평등하며 주권은 국민에게 있다는 내용이 담겨 있었다.

동시에 국민 의회와 시민들은 루이 16세와 왕실의 가족들을 튀일리궁에 감금하고 감시했다. 이곳에서 루이 16세와 마리 앙투아네트 왕비는 몇 년 동안 갇혀 지내야 했다. 그사이 루이 16세는 왕권을 옹호하는 정치 세력인 왕당파의 도움으로 궁전을 빠져나와 오스트리아로 탈출을 시도했다. 그러나 바렌이라는 마을에서 주민에게 발각되고 말았다. 군중들은 왕 부부가 탄 마차를 가로막았고, 결국 그들은 다시 파리로 끌려갔다.

이번에는 2만여 명의 시민들이 튀일리궁으로 몰려가 국왕 부부를 끌어내 지하 감방에 가두었다. 이 일로 국왕은 더욱 신임을 잃었고, 국민 의회는 논의를 거듭한 끝에 프랑스를 '공화국'으로 만들어야 한다는 결론에 도달했다. 그리고 국민 의회는 이즈음 이름을 국민 공회로 바꾸었다.

루이 16세에게는 사형이 선고되어 국왕은 단두대에 목이 잘려 죽고 말았다. 루이 16세가 처형되는 순간 시민들은 "공화국 만세!"를 외쳤다. 마리 앙투아네트도 안전할 수 없었다. 남편 루이 16세가 죽은 지 9개월 뒤, 그녀도 새하얀 옷을 입고 단두대 앞에 섰다. 여전히 시민들은 그녀를 욕하고 손가락질했다.

혁명이 휩쓸고 간 프랑스는 공포 정치가 횡행했다. 보다 과격한 공화주의자들은 로베스피에르를 앞세워 반대파를 처단하기에 이르렀다. 그들은 공화주의에 반대하거나 조금이라도 의심스러운 사람이라면 누구든 단두대 앞으로 데려갔다. 심지어 국왕과 그의 가족들에 대해 동정심을 갖고 있다고 의심되어 처형당한 사람도 있었다.

누군가는 "기요틴(단두대의 별칭)은 죄 지은 사람과 죄 짓지 않은 사람을 구분하지 않는다!"라고 말하기도 했다. 몇 년 사이 1만 5천 명이 넘는 사람이 단두대에서 목숨을 잃었다. 국민 공회는 로베스피에르를 못마땅하게 여기기 시작했다. 이전의 국왕보다 더

끔찍한 독재자라는 생각을 하게 된 것이다. 결국 로베스피에르는 국민 공회의 여러 의원들에게 비난받고 자신도 단두대 앞에 서게 되었다.

1526년

- 무굴 제국이 탄생했다. 티무르 왕조는 티무르가 죽은 뒤 여러 나라로 분열되었다. 이후 오랫동안 분쟁이 이어졌는데, 티무르의 5대 자손 중 하나인 바부르는 고작 열두 살 때 자신의 땅을 빼앗으려 드는 친척들과 싸워야 했다. 그는 자신을 따르는 사람들과 함께 인도의 델리로 갔다. 그곳에서 델리의 술탄 이브라힘이 백성들로부터 원망이 크다는 것을 알고 병사를 모아 그에게 맞섰다. 바부르의 군사는 1만 명이었고, 이브라힘의 군사는 10만 명이 넘었다. 이브라힘에게는 1천 마리 코끼리 부대까지 있었다. 하지만 바부르는 수레로 벽을 쌓아 코끼리를 막고 그 옆으로 기병이 적의 보병과 싸우게 하는 전법으로 싸움에서 이겼다. 그리고 델리의 새 술탄이 되어 무굴 제국을 세웠다. 무굴은 페르시아어로 '몽골'이라는 뜻이다.

1571년

- 오스만 제국이 레판토 해전에서 패했다. 레판토 해전은 베네치아와 로마 교황청 연합 함대가 그리스의 레판토 항구 앞바다에서 오스만 제국과 벌인 전투이다. 이 해전에서 오스만 제국 군대는 2만 5천 명이나 전사했으며, 이 패배로 오스만 제국은 지중해에서의 힘이 크게 약화되었다.

1590년

- 도요토미 히데요시가 일본을 통일했다. 전국 시대의 영웅 오다 노부나가의 부하였던 도요토미 히데요시는 오다 노부나가가 죽자 그를 배신한 미쓰히데의 군대를 제압했다. 이후 전국 통일의 꿈을 키우며 이번에는 노부나가의 충신을 하나

도요토미 히데요시가 바로 임진왜란을 일으킨 장본인이야. 일본을 통일하는 과정에서 무사들의 불만이 높아지자 관심을 해외로 돌리기 위해 전쟁을 일으킨 거지.

그러게. 이기지도 못할 거면서 말이야.

도요토미 히데요시 초상화

자기네 문제는 알아서 해결해야지, 왜 가만있는 조선을 괴롭혀?

둘씩 없애고, 노부나가의 아들들은 자살하게 하거나 자신에게 무릎 꿇게 만들었다. 이처럼 히데요시가 세력을 넓히자 조정에서는 그를 관백(천황 곁에서 업무를 보조하는 높은 관직)에 임명했다. 관백이 된 히데요시는 전국 다이묘(영토를 가진 무사)들에게 전쟁을 멈추라 이르고, 땅을 나누어 주겠다고 선포했다. 또한 유력한 다이묘는 자기 편으로 끌어들이고, 자신을 따르지 않는 다이묘는 꾸준히 감시했다. 그러자 전쟁이 차츰 줄어들었다.

1600년	• 영국이 동인도 회사를 설립했다.
1616년	• 여진족 족장 누르하치가 후금을 세웠다. 1636년에는 국호를 '청'으로 바꾸었다.
1618년~1648년	• 30년 전쟁이 일어났다. 종교 개혁 이후 독일 땅에는 신교(프로테스탄트)를 믿는 나라와 구교(가톨릭)를 믿는 나라가 각각 모여 동맹을 만들어 서로의 이익을 추구했는데, 그 과정에서 종교 전쟁이 벌어졌다. 이 전쟁은 독일 지역에만 그치지 않고 나중에는 에스파냐를 비롯 프랑스와 덴마크까지 싸움에 끼어들었다. 30년 동안이나 벌어진 이 전쟁은 1648년 베스트팔렌 조약을 맺음으로써 끝이 났다.
1642년	• 영국에서 청교도 혁명이 일어났다. 엘리자베스 1세가 세상을 떠난 뒤 왕과 의회는 끊임없이 대립했다. 특히 찰스 1세가 새로운 세금을 걷으려 하자 의회는 1628년 권리 청원으로 맞섰다. "국왕은 의회가 승인하지 않은 헌금이나 세금을 거둘 수 없고, 법에 어긋나는 방법으로 국민을 함부로 체포할 수 없다."라는 내용이었는데, 화가 난 찰스 1세는 의회를 해산시켜 버렸다. 그러나 찰스 1세는 스코틀랜드와 전쟁을 벌이면서 전쟁 자금에 대한 동의를 얻기 위해 의회를 다시 열었다. 물론 의회는 이를 거절했고, 찰스 1세를 비판했다. 이렇게 갈등이 깊어지자 국왕은 군대를 동원해 의회 지도자 체포에 나섰고, 의회도 지지 않고 군대를 모아 국왕에 대항했다. 이로써 청교도 혁명이 시작되었다. 이때 의회파는 지도자 크롬웰의 활약으로 승리를 거두었고, 1649년 영국에는 공화제가 세워졌다. 그러나 크롬웰이 죽자 1660년 다시 왕정으로 돌아갔다.
1688년	• 영국에서 명예 혁명이 일어났다. 명예 혁명은 전쟁 없이 평화롭게 왕정을 입헌 군주제로 바꾼 혁명으로, 국회가 국왕을

추방하고 왕의 큰딸 메리 2세와 남편 윌리엄 3세를 공동으로 왕위에 올렸다.

1689년
- 명예 혁명의 결과로 메리 2세와 윌리엄 3세가 '권리 장전'을 승인했다. 새로운 법률 권리 장전은 왕권을 제약하고 의회의 권리를 강화하였다.
- 청나라가 러시아와 네르친스크 조약을 체결하고 국경을 확정하였다.

1740년
- 프리드리히 2세가 프로이센의 왕이 되었다. 30년 전쟁이 끝났을 때, 독일은 쑥대밭이었다. 농토는 황폐해졌고, 인구도 3분의 1로 줄어들어 있었다. 그럼에도 프로이센은 브란덴부르크 지역을 터전으로 빠르게 성장해 나갔다. 특히 프리드리히 1세는 강한 나라를 만들기 위해 군사와 군비를 늘렸다. 어느 해에는 나랏돈의 절반을 군사비로 지출하기도 했는데, 이런 이유로 사람들은 프리드리히 1세를 '군인 왕'이라 부르기도 했다. 뒤를 이은 프리드리히 2세는 프랑스와 싸워 지하 자원이 풍부한 슐레지엔 지역을 차지했다. 이렇게 프로이센은 영토를 넓혀 나갔다.

황태자 시절의 프리드리히 2세

원래 프리드리히 2세는 음악을 좋아하고 수줍음을 많이 타는 소년이었대.

그런데 아버지 프리드리히 1세가 "프로이센의 지도자가 되려면 강철같이 튼튼해야 한다!"라면서 아들을 강하게 키웠다나 봐. 왕이 되려면 성격도 바꿔야 하는 건가?

1773년
- 미국에서 보스턴 차 사건이 일어났다.

1776년
- 미국이 독립을 선언했다.

1789년
- 프랑스 혁명이 시작되었다.

1796년
- 청나라에서 백련교도의 난이 일어났다.

- 2장 -

산업 혁명과 근대 세계의 동요

성냥팔이 소녀가 팔던 성냥은
어디서 난 것일까?

– 산업 혁명

어린 노동자들의 희생으로 일군 산업 혁명

1797년, 영국 시인 윌리엄 블레이크가 한 편의 눈물겨운 시를 썼다.

> 엄마가 돌아가셨을 때 나는 아주 어렸답니다.
>
> 말도 잘하지 못하는 나를 아빠가 팔아 버렸어요.
>
> 나는 그저 빽빽대고 울었지요.
>
> 지금은 굴뚝 청소를 하면서 검댕 속에서 잠을 잔답니다.

〈굴뚝 청소부〉라는 제목의 시는 이렇게 시작한다. 산업 혁명이
영국을 휩쓸던 당시, 뜻밖에도 이와 비슷한 처지의 아이들이 많았
다. 도시 빈민들은 단순히 먹고살기 위해 아이들을 공장에 취업시
켜야 했고, 그곳에서 아이들은 힘겨운 노동에 내몰렸다.

아이들에게 가장 흔히 주어진 일은 굴뚝 청소였다. 몸집이 작아 굴뚝을 드나들 수 있어서였다. 당시에는 공장에서 주로 나무나 석탄을 연료로 사용했기 때문에 그을음과 타고 남은 재로 굴뚝이 자주 막혔다. 그러나 공장의 굴뚝은 길고 좁아서 성인은 들어갈 수 없었다. 아무리 긴 꼬챙이로 쑤셔도 잘 뚫리지 않았다. 이런 이유로 공장주들은 아이들을 데려다 굴뚝 청소를 시켰다.

아이들은 직접 굴뚝 안으로 들어가 벽에 붙어 있는 그을음과 검댕을 긁어냈다. 어린 굴뚝 청소부들은 연기 때문에 질식해서 죽기도 했고, 굴뚝 아래에서 타오르는 불기운에 타 죽기도 했다. 굴뚝 아래로 떨어지거나 폐 손상으로 죽는 일도 있었다.

아이들은 탄광에서도 일했다. 심지어 만 네 살짜리 아이도 고용되었다. 좁은 갱도를 기어다니며 탄을 캐기에는 몸집이 작은 아이들이 적합했기 때문이다. 아이들은 좁은 갱도를 파고 또 파 나갔다. 하지만 버팀목을 설치하지 않아서 갱도가 자주 무너졌고, 일하다가 석탄이나 돌에 깔려 죽는 아이들이 많았다.

공장주들이 아이들을 고용한 이유는 또 있었다.

"아이들에게는 돈을 많이 주지 않아도 돼요. 아이들은 순진해서 임금을 적게 준다고 투덜거리지 않지요."

"맞아요. 심지어 어른들처럼 무슨 조합을 만들지도 않아요. 그저 겁을 주기만 하면 찍소리 못 하고 일을 하지요."

실제로 아이들은 어른들이 받는 임금의 10분의 1 정도밖에 받지 못했다. 그럼에도 하루 12시간에서 18시간씩 일해야 했고, 밥을 먹는 시간은 고작 10여 분밖에 주어지지 않았다. 음식도 형편없었고, 그저 죽지 않을 만큼 먹는 정도였다. 아프다고 하소연할 곳도 없었고, 임금을 적게 준다고 신고할 수도 없었다. 이 아이들 중에는 부모를 잃은 고아도 많았지만, 부모가 있어도 가정 형편이 어려워 스스로 공장에 나간 아이들도 있었다. 산업 혁명이 진전되면서 임금이 낮아져 부익부 빈익빈이 심해졌기 때문이다.

열악한 환경에서도 아이들은 악착같이 일했다. 공장이나 탄광에서 쫓겨나기라도 하면 그마저도 먹지 못하고 굶게 될 것을 잘 알

았기 때문이다. 아이들이 절박할수록 노동 환경은 더욱 끔찍한 죽음의 현장이 되었다. 탄광에서 일하는 아이들은 폐결핵으로 죽었고, 굴뚝에서 일하는 아이들은 굴뚝 속의 유독 물질에 오염되어 온갖 병에 걸렸다.

그뿐만 아니라 비위생적인 환경에서 일하다 보니 전염병에 쉽게 노출되었다. 너무 오랫동안 일하느라 척추가 휘어 제대로 성장하지 못하기도 했다. 기계에 손가락이 말려 들어가기도 했고 눈이 멀기도 했다. 심지어 어른들에게 폭행을 당하거나 임금을 받지 못하는 경우도 많았다. 어른들은 중간에서 돈을 가로채기도 했으며, 임금 대신 물건을 주는 일도 잦았다.

1800년대 초, 면 공장에서 큰 화재가 발생했다. 이틀이 지난 뒤에 불은 꺼졌지만 수십 명의 노동자가 목숨을 잃고 말았다. 그런데 더 끔찍한 일은, 죽은 노동자 가운데 17명이 어린 소녀라는 사실이었다. 각계각층에서 어린 노동자를 고용한 회사를 질타했다. 정부를 향해서도 비난이 쏟아졌다.

결국 영국 정부는 아동 노동과 관련한 새로운 법을 제정했다.

"앞으로 모든 공장에서 9세 이하의 어린이는 노동을 시킬 수 없습니다. 또한 16세 미만의 어린이, 청소년에게는 12시간 이상의 노동을 시켜서도 안 됩니다. 이를 위반하면 공장주에게 벌금을 부과할 것입니다."

1819년 제정된 이 법률이 즉시 시행된 것은 아니다. 이후에도 어린이들은 여전히 공장에 고용되어 가혹한 노동에 시달렸다. 그러

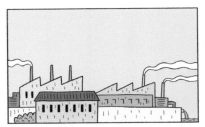

산업 혁명 시대를 배경으로 한 《성냥팔이 소녀》는 작가인 안데르센의 경험에서 나온 이야기로 알려져 있다. 그 역시 열 살 때 아버지가 세상을 떠난 뒤 공장에서 일해야 했다.

동화 속 소녀는 꽁꽁 얼어붙은 도시의 거리를 다니며 성냥을 판다. 성냥을 다 팔아야 먹을 것을 구할 수 있지만 성냥은 잘 팔리지 않는다.

그런데 의문이 하나 생긴다. 먹을 것조차 없는 아이가 성냥은 어디서 난 걸까?

아마 아이는 성냥 공장에서 일했을 것이다. 실제로 이 무렵에는 성냥 공장에서 일하는 소녀들이 많았다.

성냥은 소녀가 받은 월급이었을 것이다. 공장주는 임금 대신 물건을 주곤 했으니까. 결국 소녀는 성냥을 팔아서 그 돈으로 먹을거리를 구해야 했던 것이다.

2014년 영국의 퀘이커교도 공동묘지에서 수많은 어린아이의 유골이 발견되었다. 이 유골들은 상당수가 턱이 아래로 내려앉거나, 뼈조직이 괴사한 흔적이 있었다. 산업 혁명 당시 성냥 공장에서 일하던 아이들이 유독 물질에 노출되어 이런 일을 당한 것으로 보인다.

나 1825년, 1829년 그리고 그 후에도 여러 차례 수정되고 보완되면서 조금씩이나마 어린이 노동에 대한 법률은 개선될 수 있었다.

산업 혁명은 어쩌면 수많은 어린이를 희생시키고 얻어 낸 결과인지도 모른다.

노동자들의 분노, 기계 파괴 운동

산업 혁명이 영국에서 가장 먼저 일어날 수 있었던 이유는 다른 나라에 비해 산업 발달에 유리한 조건이 두루 갖추어진 덕분이었다. 무엇보다 영국은 식민지 쟁탈전에서 승리하면서 원료 생산지와 시장 확보가 동시에 이루어졌다.

또한 18~19세기 영국에서는 새로운 농업 생산 방식의 도입과 인클로저(enclosure)로 일할 곳을 잃고 도시로 밀려나온 사람들이 많았다. 인클로저란 공동으로 이용하던 토지에 영주나 대지주가 울타리를 쳐서 사유지로 만들어 버리는 일을 말한다. 대규모 농사를 짓거나 양의 목초지로 사용하기 위해서였다. 경작할 땅을 잃은 농민들이 갈 곳은 도시뿐이었고, 이들은 산업화의 근간이 되는 도시 노동자가 되었다.

이와 더불어 영국 정부는 명예 혁명 이후 사유 재산을 보호하고 경제 활동에 저해가 되는 독점이나 특혜를 가능한 한 억제하는 방법으로 경제 활동의 자율성을 높였다. 야금 기술(광석에서 금속을 골라내 정제하는 기술)이나 강을 이용해 물자를 운반하는 방식 등도 다른 나라에 비해 일찍 발달해 있었다.

물론 유럽의 다른 나라들도 어느 정도 경쟁력은 갖추고 있었다. 이를테면 프랑스만 해도 영국보다 인구가 많았고 산업 자본도 뒤질 것이 없었다. 하지만 프랑스는 여전히 전통적인 농업 생산 방식을 고수했다. 새로운 기술을 개발하거나 종자의 품종을 개량하는 일에 있어서 영국인들에 비해 크게 관심을 두지 않았다.

영국의 산업 혁명은 무엇보다 면직물 생산에서 돋보였다. 애초에 영국은 모직물 산업이 발달했지만, 인도에서 질 좋은 면화가 들어오면서 면직물 수요가 급속히 확산되었다.

"모직은 무겁고 답답해요. 면직물이 가격도 싸고 가볍고 한결 편해요."

귀족부터 평민에 이르기까지 모두 면직물을 찾는 바람에 생산이 수요를 따라가지 못하게 되었다. 사람들은 보다 더 빨리 그리고 더 많이 면직물을 만들 수 있는 방법을 찾았다. 이처럼 영국에서 기계에 관심을 갖게 된 것은 자연스러운 결과였다.

1733년, 존 케이가 '자동으로 움직이는 베틀 북'을 만들어 특허를 얻었다. 이것은 씨실과 날실을 엇갈리게 짜서 천을 만드는 과정을 자동화한 것이었다. 이로 인해 직조공 한 사람의 생산량이 눈에 띄게 증가했다. 뒤이어 하그리브스가 제니 방적기를 발명했다. 이것은 여러 개의 북을 동시에 작동시킬 수 있는 방적기로, 혼자서 여러 대의 기계를 움직이게 된 것이나 다름없었다. 이즈음부터 직조공들은 자신의 일자리를 기계에 빼앗길지 모른다는 걱정을 하기 시작했다.

　노동자들의 불안은 아랑곳없이 방적기는 계속해서 발전했다. 아크라이트의 수력 방적기와 크럼프턴의 뮬 방적기가 잇따라 개발되었다. 이 방적기들은 무엇보다 직조 과정에 '사람의 힘'을 필요로 하지 않는다는 데 의의가 있었다.

　그러나 산업 혁명을 무엇보다 획기적으로 이끈 것은 증기 기관이었다. 1769년 와트가 개발한 증기 기관은 방적기를 비롯해 거의 모든 공장의 기계에 강한 동력을 제공해 대량 생산을 가능하게 해 주었다. 증기 기관이 광범위하게 사용되면서 관련된 산업도 동시에 발전했다. 특히 동력원으로 쓰이는 석탄 산업이 비약적으로 발전했고, 애초부터 야금 기술이 발달했던 영국은 철광 산업을 발전시켜 보다 질 좋은 기계를 만들 수 있게 되었다.

증기 기관은 또한 교통수단의 발달을 가져왔다. 이를테면 1807년 미국의 풀턴이 증기선을 개발했는데, 그 덕분에 1840년에는 증기선이 영국과 미국을 정기적으로 오가게 되었다. 그리고 스티븐슨의 증기 기관차가 1814년부터 실용화되면서 영국은 물론 유럽 전체가 철도 건설에 뛰어들었다. 이처럼 모든 산업 분야가 상호 작용을 일으키며 더욱 비약적으로 발전해 나갔다.

영국에서 시작된 산업 혁명은 전 세계로 퍼져 나가면서 사람들의 삶을 뒤바꾸어 놓았다. 필요한 물건은 어디에서나 손쉽게 살 수 있게 되었고, 이동이 자유로워졌다. 하지만 생활이 편리해진 이면에는 노동자들의 비참한 현실이 숨겨져 있었다. 산업 자본가는 오로지 이윤 추구에만 힘을 쏟으며 노동자를 돌보지 않았다. 인건비를 줄이기 위해 여성이나 어린이까지 공장에 데려다 일을 시켰다. 공장의 열악한 노동 환경 때문에 작업 도중 사고가 나는 경우가 많았지만 자본가들은 이에 대해 보상하지 않았다. 도리어 자본가들은 노동자를 보호하는 것이 그들의 자유를 해치는 일이라고 주장했다.

공장의 증가로 도시 인구가 급격히 증가했지만 시민들의 편의를 위한 공공시설은 부족했다. 도로는 좁고 복잡했으며, 상하수도 시설이 제대로 갖추어지지 않은 곳이 많아 사람들은 늘 전염병의 위험에 노출되어 있었다. 범죄가 늘어났으며 주택이 모자랐다. 하지만 도시 당국자들은 이런 문제를 순조롭게 해결하지 못했다.

무엇보다 큰 문제는 기계가 널리 보급되면서 수공업이 몰락하

고 수많은 사람들이 일자리를 잃었다는 점이다. 대부분의 일을 기계가 하기 때문에 공장주들은 기계를 작동시킬 약간의 노동자만 필요할 뿐이었다. 비용이 많이 드는 숙련공도 필요 없었다. 그럼에도 일정한 수준 이상의 품질을 유지할 수 있었다.

아무도 노동자들에 대해 신경 쓰지 않았다. 빈부 격차는 심해졌고, 노동자들은 끊임없이 개선을 요구했지만 들어주는 이는 없었다. 더구나 그들에게는 집회 활동이나 단체를 결성할 권리가 금지되어 있었다. 기계 파괴 운동은 이런 상황에서 일어났다.

"이 모든 일이 기계 때문에 일어난 일이야!"

"맞아요. 차라리 기계를 부숴 버립시다!"

노동자들은 이런 생각을 하기에 이르렀고 특히 섬유 노동자들 사이에 급속하게 퍼졌다. 노동자들은 밤마다 공장에 숨어 들어가 기계를 고장 내거나 공장을 불태우기도 했다. 이런 기계 파괴 운동은 한동안 시민들 사이에서 지지를 받았다. 후원금이 쏟아지기 시작했고, 시인 바이런도 이들의 요구를 들어주어야 한다고 역설했다.

기계 파괴 운동은 군대를 동원한 정부에 의해 진압되긴 했지만, 사실상 '최초의 노동 운동'이었다. 노동자들은 이후 선거권을 요구하는 운동을 하기 시작했고, 이는 훗날 영국 노동당이 출현하는 계기가 되었다. 이처럼 산업 혁명은 사람들의 생활 양식 자체를 바꾸어 놓았으며, 중세의 종말을 고함과 동시에 근대 사회의 시작을 알렸다.

프랑스와 영국의 통조림 전쟁
- 나폴레옹 전쟁

통조림 덕분에 승리한 전쟁

프랑스 혁명은 코르시카라는 아주 작은 섬에서 태어난 보잘것없는 한 포병 장교를 일약 영웅으로 만들었다. 식민지 출신이었기에 더더욱 출세의 기회가 없었던 그는 반혁명파의 반란을 성공적으로 진압하면서 사람들의 주목을 받기 시작했다. 그가 바로 나폴레옹이었다.

로베스피에르가 처형된 뒤에도 프랑스는 한동안 안팎으로 혼란스러웠다. 과격한 공화주의자들의 소란이 계속되었고, 영국과 전쟁이 벌어졌으며, 그런 틈을 타서 해외에 도피 중이었던 왕당파가 다시 세력 확장을 시도했다. 이때 나폴레옹은 파리를 비롯한 곳곳의 반란과 소요 사태를 진압하고, 영국과의 전투도 승리로 이끌며 단숨에 주목을 받았다. 고작 스물일곱 살의 나이에 이탈리아 원정군 사령관이 되었고, 프랑스로 돌아올 때는 16만여 명의 포로를 사로잡아 프랑스 시민들의 열렬한 환영을 받았다. 훗날 나폴레옹은 이 순간을 기억하며, "나는 이때 이미 내가 어떤 인물이 될지 예감할 수 있었다."라고 말했다. 나폴레옹은 이후로도 더더욱 승승장구했다. 부하 병사들과 생사고락을 함께하면서 이집트 원정도 승리로 이끌었다. 1799년에는 반란을 일으켜 사실상 프랑스의 최고 실권자가 되었다.

권력을 쥐게 된 나폴레옹은 영토 확장의 욕심을 드러냈다. 그는 프러시아, 오스트리아, 스웨덴을 비롯해 에스파냐까지 자신의 영향 아래에 두고 싶어 했다. 하지만 고민거리가 하나 있었다.

'전투에서 승리하려면 무엇보다 병사들의 사기와 체력이 필요하지. 그러기 위해서는 우선 병사들이 굶지 않도록 해야 해.'

대부분의 전투는 나라 밖으로 멀리 나가서 치러야 했기 때문에 식량은 아주 중요한 문제였다. 그러나 수십 일치 식량을 병사들에게 나누어 주게 되면 그 무게 때문에 행군 속도가 느려질 수밖에 없었다. 또 음식을 조리하려면 무척 번거로울 뿐 아니라 긴급한 상황에 대처하기도 어려웠다. 조리를 위해 불을 피우다 보면 적에게 위치가 노출될 위험도 있었다.

1800년 초, 나폴레옹은 프랑스에서 내로라하는 과학자를 비롯한 인재들을 모아 '프랑스 산업장려협회'라는 단체를 만들었다. 그리고 이들에게 군대의 식량 문제를 개선할 방법을 찾아내라고 명령했다. 산업장려학회는 상금을 내걸고 음식물 보존 방법을 공모

했다.

'병사들의 식량 문제를 해결하는 사람에게는 은 54킬로그램에 해당하는 1만 2천 프랑(지금의 약 5천만 원)을 상금으로 줄 것이다!'

전국에 광고가 나붙자 여기저기서 사람들이 몰려들었고, 저마다 기상천외한 아이디어를 냈다. 그런데 이때 사람들의 눈길을 끌었던 것은 니콜라 아페르의 유리병이었다.

"이 유리병이 음식을 잘 보존해 준다고요?"

"그렇습니다. 이 병 안을 잘 보세요. 삶은 야채가 들어 있지요? 이 야채는 3주일 전에 넣어 놓은 것인데 전혀 상하지 않았답니다."

협회 사람들의 질문에 아페르는 의기양양하게 대답했다.

이것이 바로 통조림의 시초가 된 병조림이다. 유리병 안에 삶은 고기나 야채를 넣고 코르크 마개로 덮어 밀봉하면 음식을 오래 보존할 수 있었다. 협회 사람들이 이 사실을 즉시 나폴레옹에게 보고하자, 나폴레옹의 얼굴이 밝아졌다. 그는 즉시 이 병조림을 병사들에게 공급하도록 했다.

병사들도 병조림을 환영했다. 일일이 조리할 필요 없이 뜨거운 물에 담갔다가 바로 꺼내 먹을 수 있었고, 때로는 그것마저 생략하고 그냥 병 속에 든 음식을 꺼내 먹었다. 무엇보다 환영할 만한 점은 휴대하기가 편리해서 병사들의 짐이 한결 줄어든 것이었다. 병조림 외에 따로 조리 도구를 들고 다닐 필요도 없고 식사 시간도 줄어들었다. 이처럼 여러모로 이동에 유리해지면서 병사들의 행군 속도는 훨씬 빨라졌다.

이런 사실은 프랑스의 최대 적이었던 영국군에게도 전해졌다.

"대부분의 유럽 군대 병사들은 1분 동안 70보를 이동하는데, 프랑스군은 1분 동안 120보를 이동한다고 합니다."

영국군은 그 비밀이 병조림에 있다는 사실을 눈치채고 프랑스처럼 병조림을 만들기로 했다. 하지만 문제가 있었다.

"병조림이 편리하기는 하지만 유리로 만들다 보니 깨지기 쉽다는 큰 단점이 있습니다."

이에 영국은 병조림보다 가볍고 튼튼한 보존 용기를 개발하고자 했다. 영국 정부는 여러 과학 단체와 기술자 단체에 협조를 구했고, 이때 런던 출신의 기계공 피터 듀란드가 나섰다. 듀란드는 처

음엔 쇠로 된 용기를 만들었다. 하지만 쉽게 부식되어 음식까지 상하고 말았다. 그는 거듭 고심한 끝에 양철(얇은 철판의 양면에 주석을 입힌 것)을 용기로 사용해 보았다. 이것은 성공적이었다. 1810년에는 이 용기로 특허까지 받았다. 이 주석 깡통이 바로 통조림이다.

영국이 통조림을 발명했다고 해서 프랑스 군대를 압도하지는 못했다. 하지만 전쟁이 낳은 이 발명품은 지금까지도 음식물을 오래 보관하는 가장 요긴한 방법으로 널리 쓰이고 있다.

유럽을 벌벌 떨게 한 황제 나폴레옹

이탈리아 원정에서 북부 이탈리아와 네덜란드 일부 지역을 얻어 낸 나폴레옹은 이후 이집트 원정에 나섰다. 이 전투에서 프랑스 해군은 영국의 넬슨 함대에 패했지만, 육지의 전투에서는 승리를 거듭해 이집트의 알렉산드리아와 카이로를 점령했다. 이때 나폴레옹은 학자들과 기술자들을 대동하여 이집트의 수많은 유물과 문화재를 약탈하기도 했다.

나폴레옹은 곧 돌아와 쿠데타를 일으켜 총재 정부를 무너뜨리고 세 명의 통령이 통치하는 통령 정부를 세웠다. 물론 나폴레옹 역시 그 세 명의 통령 중 하나가 되었다. 하지만 나폴레옹을 제외한 나머지 통령들은 점차 세력이 약해져 결국 나폴레옹의 1인 독재 시대가 열렸다.

이때부터 나폴레옹은 전쟁을 계속 수행하면서 또 한편으로는 정치 지도자로서 역할을 착실히 수행해 나갔다. 무엇보다 반대파를 철저하게 억누르며 강력한 중앙 집권 정부를 세웠다. 남아 있는 봉건 제도의 잔재를 없애고 산업을 보호하였으며, 조세 제도와 행정 제도 등을 정비했다. 언론을 철저히 검열하여 사상을 통제하고 안정된 체제를 유지하는 일에 온 힘을 기울였다.

또 이전과 달리 신분이나 출신을 묻지 않고 관리를 등용했으며, 무엇보다 1804년 《나폴레옹 법전》을 만들어 배포했다. 여기에는 종교의 자유와 재산권 보장 같은 권리가 들어 있었는데, 훗날 많은 나라들이 이 법전을 참고했다. 나폴레옹도 "진정한 나의 영광은 내가 이긴 40번의 전투에 있는 것이 아니라 시간이 지나도 파괴할 수 없는 나의 법전에 있다."라고 말할 정도로 이 법전에 자부심을 가

교육 헌장을 외워 볼까요?

우리는 황제의 건강을 기원하며, 사랑과 존경, 복종과 충성을….

황제 나폴레옹에 대한 우리의 의무는 무엇입니까? 우리는 황제의 건강을 기원하며, 사랑과 존경, 복종과 충성을 바쳐야 합니다.

우리는 왜 이 의무를 수행해야 하나요? 황제에게 복종하는 것은 곧 하느님께 복종하고 영광을 돌리는 일입니다.

의무를 수행하지 않으면 어떻게 되나요? 하느님의 뜻을 거부하는 사람이므로 반드시 저주를 받아 파멸에 이르게 됩니다.

나폴레옹은 교육 헌장을 어린 학생들에게 외우게 했대!

저걸 다 외운다고? 저 시대에 안 태어나길 잘했네.

지고 있었다. 같은 해에 나폴레옹은 화려한 대관식을 치르며 황제의 자리에 올랐다.

나폴레옹은 영토 확장을 위한 전쟁을 계속해 나갔다. 그는 영국을 제외한 이웃 나라들을 차례로 물리쳤다. 오스트리아의 빈을 완전히 점령한 데 이어, 재기를 노리는 오스트리아가 러시아와 연합해 싸운 아우스터리츠 전투에서도 승리했다. 이듬해에는 독일 남서부에 있는 16개의 작은 지방 국가들을 모아 라인 동맹을 결성했다. 또 프로이센과 싸워 영토의 절반을 차지하고 폴란드에는 바르

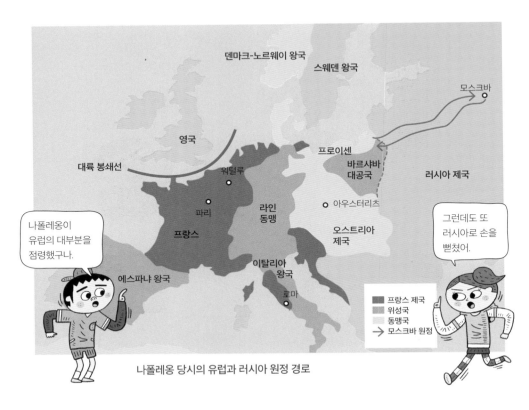

나폴레옹 당시의 유럽과 러시아 원정 경로

샤바 대공국을 세워 자신의 명예를 드높였다.

심지어는 프랑스의 가장 골칫거리였던 영국을 굴복시키기 위해 대륙 봉쇄령을 내리기도 했다. 하지만 이러한 조치는 주변국의 실생활에 영향을 미쳐 결국 나폴레옹에 대한 반발을 불러일으켰다. 그중 프로이센과 러시아의 반발이 거셌다. 특히 러시아는 프랑스의 대륙 봉쇄령에 코웃음을 치며 영국과의 교역을 계속 이어 나갔다. 이에 분노한 나폴레옹은 러시아를 정벌하기로 결심하고 원정에 나섰다.

"나의 충성스러운 병사들이여! 이제 우리는 러시아로 갈 것이다. 러시아 놈들은 우리 이름만 들어도 벌벌 떨 것이다. 모두 나를 따르라!"

1812년 6월, 러시아로 출발한 프랑스 군대는 무려 60만 명이었다. 과연 러시아군은 프랑스군의 진군에 맥을 못 추고 후퇴를 거듭했다. 프랑스군은 신이 나서 러시아군의 뒤를 쫓더니, 그해 가을 당당하게 모스크바에 입성했다. 그러나 바로 이곳에서, 나폴레옹은 큰 고민에 빠졌다.

'러시아의 겨울은 죽음의 계절이다. 지금 후퇴하지 않으면 병사들이 추위에 속수무책으로 당할 것이다.'

하지만 쉽게 물러설 수는 없었다. 비록 모스크바를 내주기는 했지만, 러시아는 아직 항복하지 않고 있었다. 지금 항복을 받지 못하면 아무런 소용이 없다는 사실을 나폴레옹은 알고 있었다. 그러나 러시아는 항복할 기미를 보이지 않았다. 도리어 도시를 불태워 프랑스군을 당황하게 했다. 프랑스군은 머물 곳이 없어졌고 식량도 구할 수가 없게 되었다.

나폴레옹은 화가 치밀었지만 더 이상 어쩔 수 없었다. 10월 19일, 나폴레옹은 러시아의 항복을 받지 못한 채 모스크바를 떠났다. 추운 겨울이 닥치기 전에 러시아 땅을 완전히 빠져나가야만 했다. 프랑스군은 퇴각을 서둘렀다.

하지만 그들을 기다리는 건 때 이른 폭설이었다. 11월 초였는데도 눈이 내려 길이 미끄러웠고, 행군 속도는 느려졌다. 그런 와중

에 러시아의 기병대가 나타나 기습을 반복했다. 프랑스군의 전열
은 흐트러지고 퇴각은 더욱 느려지기만 했다.

　설상가상으로 식량마저 바닥나 병사들을 위기로 몰아넣었다.
나폴레옹은 병사들이 말을 잡아먹어도 뭐라고 할 수 없었다. 추위
는 더 심해졌다. 11월 중순에 이미 4만 마리의 말이 얼어죽었다. 병
사들도 추위를 견디지 못해 동사했고, 낙오된 병사들은 러시아군
의 총격을 받았다. 프랑스군은 가까스로 폴란드 국경까지 다다랐
지만, 이미 병력의 절반이 사라진 뒤였다.

　엎친 데 덮친 격으로 12월이 되자 본국에서 쿠데타가 일어났다
는 소식마저 들려왔다. 나폴레옹은 군사들을 남겨 둔 채 몇 명만 데

리고 서둘러 본국으로 돌아가야 했다.

러시아 원정의 실패는 나폴레옹에게는 크나큰 타격이었지만, 한편으로 다른 나라들에는 용기를 주었다. 프로이센은 곧바로 프랑스에 선전 포고를 했고, 영국과 오스트리아도 다시 프랑스와 싸울 것을 결심했다. 이 세 나라의 연합군은 1814년 프랑스를 공격해 단숨에 파리를 점령했다.

나폴레옹은 패전의 책임을 지고 엘바섬으로 유배를 떠나야 했다. 그곳에서 나폴레옹은 더할 수 없는 치욕을 맛보았다. 한때 세계를 호령했던 황제가 겨우 작은 정원이 딸린 집에서 꽃밭을 가꾸며 지냈고, 관광객들이 그 모습을 보고 조롱을 퍼부었다.

"저 땅딸보가 나폴레옹이라고? 푸하하!"

하지만 나폴레옹에게 다시 기회가 찾아왔다. 그를 지지하던 일부 군인들이 편지를 보내 돌아올 것을 요청했고, 이에 나폴레옹은 탈출을 시도했다.

그는 엘바섬을 빠져나와 파리로 달려갔다. 600여 명의 병사가 그를 맞았고, 그들만으로도 나폴레옹은 파리 시민들에게 환영을 받았다. 나폴레옹이 유배를 간 뒤 즉위한 루이 18세가 자신을 신처럼 떠받들어야 한다며 무리한 요구를 하고 있었기 때문에 시민들이 나폴레옹을 반겼던 것이다. 루이 18세는 군대를 보내 나폴레옹을 막으려 했지만, 병사들은 도리어 나폴레옹의 편에 섰다. 나폴레옹은 다시 황제의 자리에 올랐다.

주변 국가들은 이런 상황을 가만히 보고 있지 않았다. 영국과 프로이센이 다시 연합군을 결성하고 나폴레옹도 이에 맞서 워털루(벨기에 중부에 있는 도시)에서 전투가 벌어졌다.

"나, 나폴레옹이 돌아왔다! 나의 군사들이여, 진군하라!"

초반에는 나폴레옹이 우세했다. 그는 군대를 이끌고 약 12만 명의 프로이센군을 물리쳤다. 그런 다음 영국군과 맞붙었고 이 싸움에서도 거의 승리를 거머쥐는 듯했다. 하지만 물러갔던 프로이센군이 영국군을 돕는 바람에 전세가 역전되고 말았다. 결국 프랑스군은 몰려든 연합군에게 크게 패하고 말았다. 전사자만 4만 명에 이르렀다. 이렇게 워털루 전투는 나폴레옹의 마지막 전투가 되었다.

나폴레옹은 이번에는 대서양의 외딴섬인 세인트헬레나섬으로 유배되었다. 그는 그곳에서 1821년까지 살다가 생을 마쳤다.

나폴레옹(전 5권) 막스 갈로, 임헌 옮김, 문학동네, 1998

나폴레옹의 전기 혹은 나폴레옹을 주인공으로 한 소설이 세계적으로 8만여 종이라고 한다. 그중에서도 막스 갈로의 소설은 나폴레옹을 아주 세세하게 잘 묘사했으며, 역사학자이기도 한 저자의 섬세한 글솜씨가 일품이라는 평이 많다. 1997년 프랑스 출간 당시 80만 부 이상이 팔리며 많은 사랑을 받았다.

가장 부도덕한 전쟁
- 아편 전쟁

영국의 로켓에 미신으로 맞서다

1840년~1842년 청나라와 영국 사이에 아편 전쟁이 일어났다. 아편은 강한 중독을 일으키는 마약의 일종이다. 이름부터 예사롭지 않은 아편 전쟁은 역사상 가장 부도덕한 전쟁으로 일컬어진다. 영국이 청나라에 마약을 팔아 벌어진 전쟁이기 때문이다. 청나라는 이 전쟁에서 초반부터 애를 먹었다. 특히 1841년 1월 7일 후먼진(지금의 광둥성 둥관시에 있는 지역)에서 벌어진 싸움은 청나라와 영국의 전투력 차이를 여실히 보여 주었다. 청나라 병사는 육지에서만 수천 명에 달했고, 군함은 15척이 넘었다. 이에 비해 후먼진 앞바다에 나타난 영국 군함은 고작 몇 척에 불과했다. 수적으로는 영국이 크게 열세였지만, 싸움은 치열했다.

청나라는 군함은 물론 육지의 포대까지 동원해 쉴 새 없이 포를

맞아. 그런데 영국의 윌리엄 콩그리브가 아리 로켓을 개량해서 더욱 발전시켰지.

원조가 따로 있었구나.

이 로켓은 원래 인도에서 개발한 거래. 이름은 아리 로켓이고, 영국이 인도와 싸울 때 이 무기 때문에 진 적도 있대.

쏘아 댔다. 이런 집중 포격이면 고작 몇 척밖에 안 되는 영국 군함을 금세 물리칠 수 있을 거라 생각했다. 하지만 청나라의 포는 오래되고 정확성이 떨어져서 빗나가기 일쑤였다. 아무리 포탄을 쏟아 부어도 목표물을 맞히지 못하면 소용없었다.

반면 영국 군함에서 쏘는 포는 달랐다. 청나라의 포에 비해 명중률과 파괴력이 훨씬 높았다. 결국 이 전투에서 청나라군 500여 명이 전사했다. 이에 비해 영국군은 사망자 없이 부상자만 수십 명 나왔을 뿐이었다. 청나라의 완벽한 패배였다.

영국군은 어떻게 이런 정확한 공격이 가능했을까? 비결은 신무기 '콩그리브 로켓'이었다.

"콩그리브 로켓은 악마에게서 날아오는 공포의 연애 편지와 같습니다!"

적의 병사들은 콩그리브 로켓을 이렇게 표현했다. 콩그리브 로켓의 사정거리는 2.7킬로미터에 달하고 정확도도 높았다. 그 덕분에 영국군은 아주 효율적인 싸움을 할 수가 있었다.

전투에서 이긴 영국은 청나라 조정에 홍콩을 할양(자기 나라 영토 일부를 다른 나라에 넘겨주는 것)하고 다섯 개의 항구를 개항하라고 요구했다. 물론 청나라는 이를 거부했고, 싸움은 다시 시작될 수밖에 없었다. 그해 2월, 청나라 조정에서는 싸움에 나설 사령관으로 혁산을 임명했다. 그러나 혁산은 겁이 많아 직접 싸움에 나서지 않고 부사령관인 양방에게 맡겼다. 양방은 이전에 반란을 진압한 경험이 있는 용맹한 장수였다. 다만 그는 외교에 무지하고 미신을 섬겼다.

전투의 책임을 맡게 된 양방은 고민에 빠졌다.

'영국군은 도대체 어떻게 매번 우리 청군의 배를 정확하게 타격하는 걸까?'

이런 고민을 거듭한 끝에 양방은 엉뚱한 결론을 내렸다.

'영국군의 포격이 정확한 이유는 놈들이 도술을 부리기 때문이야. 틀림없어!'

그러더니 양방은 뜻밖의 명령을 내렸다.

"집집마다 찾아가 똥과 오줌을 모아 오도록 하라! 특히 여인들

의 오줌을 많이 모아야 한다."

양방은 성벽에 똥을 칠하고 여인의 오줌을 영국군이 있는 쪽을
향해 뿌리도록 했다. 부하 장수들이 대체 무슨 짓이냐며 항의했지
만 듣지 않았다. 이렇게 해야 영국군의 도술을 깰 수 있다고 믿었
기 때문이다. 성 안팎에 똥오줌 냄새가 진동을 했다.

물론 이런 방법으로 싸움에서 이길 리가 없었다. 이후의 전투에
서도 청나라군은 크게 패했다. 어쩌면 청나라는 처음부터 영국을
상대로 싸워 이길 수 없었는지도 모를 일이었다.

서구 열강의 희생물이 된 청나라

청나라는 4대 황제 강희제부터 6대 황제 건륭제에 이르는 100여 년 동안 안정기를 누렸다. 국력도 강해졌고 평화로운 나날이 이어졌다. 하지만 건륭제 말기부터 부정한 방법으로 재물을 쌓고 사치를 일삼는 귀족과 관료가 늘어났다. 이들의 호화스러운 생활의 이면에는 농민의 피와 땀이 숨어 있었다. 토지를 잃은 유랑민이 산천을 떠돌았고, 감옥은 세금을 내지 못한 농민들로 가득했다.

급기야 7대 황제 가경제 때는 백련교도의 난이 일어났다. 비밀 결사 종교인 백련교의 신도들이 일으킨 반란으로, 구성원은 주로 농민들이었다. 이 반란은 9년이나 이어져 조정은 반란의 진압을 위해 또다시 국고를 털어야 했다. 반란은 결국 진압되었지만 청나라는 쇠퇴의 길로 들어서고 있었다.

이런 상황에서 청나라 조정은 영국과도 교역 문제로 마찰을 빚었다. 청나라가 동인도 회사를 앞세운 영국과 본격적으로 교역을 시작한 것은 18세기 초반부터였다. 영국은 청나라에 상관(큰 상점)을 설치하고 청나라의 도자기와 차 등을 사들였다. 이 두 제품은 특히 영국에서 아주 인기가 높았다. 반면 청나라는 영국으로부터 모직물을 주로 사들였는데, 수요가 그리 많지 않았다. 이러한 무역 불균형은 시간이 지날수록 심해졌다.

"중국과의 무역에서 너무 큰 적자가 나고 있소. 우리 영국의 은이 전부 청나라로 들어가고 있는 형편이오. 뭐, 좋은 방법이 없겠소?"

동인도 회사뿐만 아니라 영국 정부까지 문제를 해결할 방법을

찾으려고 고심했다. 당시 무역의 결제 수단은 은이었는데, 영국은 은이 해외로 유출되기를 원하지 않았다. 고심 끝에 이들이 내놓은 해법은 '아편'이었다. 영국 정부는 당시 아편 취급을 금지하고 있었지만, 무역 불균형을 해소하기 위해 법까지 개정하여 수출을 허가했다. 동인도 회사는 인도에서 재배한 아편을 청나라에 팔았고, 청나라의 아편 수입량은 빠르게 증가했다. 1800년경에는 약 5천 상자였던 것이 1839년에는 열 배인 5만여 상자로 늘었다. 이로 인해 청나라에 쌓여 있던 은이 다시 영국으로 넘어갔다.

물론 청나라에서는 마약인 아편의 수입과 사용을 금지하고 있었다. 하지만 아무리 금지령을 내려도 아편 밀수입은 막을 수가 없었다. 아편은 도시에서 농촌으로, 귀족부터 평민까지 깊숙이 퍼져 나갔다. 아편 때문에 재산을 잃고 건강마저 해치는 사람이 많아졌다. 국가의 재정이 악화된 것은 물론이거니와 나라가 뿌리째 흔들리는 지경이 되었다.

이에 청나라 조정에서는 임칙서를 광저우로 보냈다. 광저우는 해외 무역의 창구로, 영국에서 아편이 들어오는 곳이기도 했다. 임칙서는 동생을 아편 중독으로 잃은 경험이 있어 아편에 대해서만큼은 매우 엄격했다. 광저우에 도착하자 그는 먼저 공행에게 편지를 보냈다. 공행은 나라에서 외국과의 무역을 허락받은 상인들이었다.

"앞으로 외국 상인들에게서 절대로 아편을 사지 않도록 하라! 이를 어길 시에는 즉시 사형에 처하고 가족의 재산까지 몰수할 것이다."

임칙서는 외국인 상인들에게도 포고문을 보냈다.

"너희들은 우리 황제께서 아량을 베풀어 무역을 하고 있는데, 감사해하지는 못할망정 어찌 나라에서 금하는 아편을 팔아 우리 백성의 재산을 빼앗고 목숨마저 위협하는가? 너희가 지은 죄는 하늘도 용서치 않을 것이다!"

임칙서는 외국 상인들에게 가지고 있는 아편을 모두 가져오라고 했다. 그러나 영국 상인들은 겨우 천여 개 상자의 아편을 넘겨주겠노라고 통보했다. 적당히 타협하려는 의도였다. 이런 태도는 오히려 임칙서를 더욱 분노하게 했다. 임칙서는 보란 듯이 외국 상관에서 일하는 청나라 사람들을 철수시키고, 다시 한번 아편을 모두 가져오도록 명령했다.

상황이 심상치 않다는 것을 느낀 영국인 무역 감독관 조지 엘리엇은 비밀스레 청나라 관리를 만나 사태를 수습하려고 했다. 하지만 이를 알아챈 임칙서가 즉시 군사를 이끌고 와 영국인들이 거주하는 지역을 포위하고 식량과 물의 공급을 차단해 버렸다. 임칙서의 강경한 조치에 엘리엇은 굴복할 수밖에 없었다. 그는 아편 2만 상자를 모두 내놓았다. 임칙서는 아편에 석회를 섞어 못쓰게 만든 다음 모두 바다에 버렸다.

이후에도 임칙서는 영국 상인들에게 다시는 아편을 팔지 않겠다는 서약서를 내라고 강요했다. 물론 영국 상인들은 이 명령을 듣지 않았다. 그러던 차에 영국의 선원이 청나라 사람을 살해하는 사건이 발생했다. 임칙서는 즉시 영국 측에 범인을 내어 달라고 요청했으나 엘리엇이 나서서 거절했다. 이에 임칙서는 영국인들에 대한 식량 공급을 중단하는 등 거듭 강경한 조치를 내렸다. 그러자 식량 공급의 길이 끊긴 영국 함선이 청나라 병선에 포격을 가하는 등 충돌이 발생했다.

두 나라는 서로 물러설 기미를 보이지 않았다. 청나라 조정은 영국과의 통상을 완전히 단절할 태세를 보였고, 이에 대해 영국의 내각은 20척의 함선과 4천 명의 병력을 출전시키도록 승인했다. 이로써 아편 전쟁의 막이 올랐다.

1840년 6월, 조지 엘리엇 사령관을 앞세운 영국의 원정군이 광둥 앞바다에 도착했다. 이들은 딩하이(중국 저우산 군도의 중심 도시)를 점령하고 톈진까지 거슬러 올라갔다. 청나라 병사들은 영국군에 맞서 보려 했지만 오래된 무기와 훈련되지 않은 군사들로는 대적할 수가 없었다. 지휘관은 우왕좌왕하고 병사들은 달아나기 바빴다.

영국군의 배가 톈진 앞바다에 나타나자, 청나라 조정은 "광둥에서 일어난 일이니 광둥에서 협상하는 게 맞다."라며 교섭 장소를 광둥으로 옮겼다. 이어 임칙서가 파면되고 직례 총독 기선이 나섰다. 이때 영국의 조지 엘리엇은 영국인에게 사죄하고 아편 대금을 배상할 것, 여섯 곳의 항구를 개방하고 외국인 거류지(나라에서 외국인의 거주와 영업을 허가한 지역)를 설치할 것 등 모두 15개 조항을 요구했다.

기선은 서둘러 조약을 맺고자 4개 항목을 제시했다.

"홍콩을 할양하고 600만 냥의 배상금을 지급하겠소. 또한 양국 정부의 직접 교섭권을 인정하고 무역을 재개토록 할 것이오."

하지만 기선이 독자적으로 맺은 '광둥 협정' 소식을 들은 청나라 황제는 크게 노하여 기선을 파면해 버렸다. 영국 측도 협정을 거부했다.

다시 싸움이 시작되어 1841년 4월에는 영국군이 광저우성에 상륙했다. 영국군이 민가를 약탈하고 수많은 양민을 학살했지만, 청나라 군사들은 영국군의 깃발만 보고도 도망가기 바빴다. 보다 못한 주민들이 괭이와 삽을 들고 나와서 싸우기도 했다.

영국군은 저우산 군도를 다시 점령했고, 점령지마다 살인과 약탈을 반복했다. 8월이 되자 영국군은 마침내 상하이를 점령한 뒤 양쯔강을 거슬러 올라갔다. 이때까지 영국군은 거의 저항을 받지 않았다. 이어 영국군은 난징을 눈앞에 두었고, 청나라 조정은 베이징까지 위태로울 수 있음을 깨달았다. 황제는 하는 수 없이 이렇게 말했다.

"나의 백성들을 지키기 위해 부득이하게 영국과 강화를 체결할 수밖에 없다."

1842년 8월 29일, 양쯔강 위에 정박한 영국 군함 위에서 두 나라의 대표가 강화 조약에 서명했다. 조약의 내용은 청나라가 영국에 홍콩을 넘겨 영국의 지배를 받도록 하고, 광저우를 비롯한 다섯 곳의 항구를 개방하며, 전쟁 배상금 1200만 달러와 몰수한 아편에 대한 배상금 600만 달러를 3년 내에 영국에 배상한다는 등 7개 항목이었다.

이것이 난징 조약이다. 이 조약은 매우 불평등한 조약이었지만, 불행히도 청나라는 연이어 유럽의 다른 나라들과도 비슷한 내용의 조약을 맺게 되었다. 이렇게 유럽 국가들은 본격으로 청나라에 진출했다.

하지만 영국은 이에 만족하지 못했다. 무역을 하는 항구가 제한되어 있었고, 중국 본토에 진출할 수가 없었기 때문이다. 게다가 청나라는 조약의 내용을 착실히 수행하지도 않았다. 결국 영국은 애로호 사건을 빌미로 두 번째 아편 전쟁을 일으켰다. 이때도 수많은

1856년 10월, 청나라 관원들이 영국의 애로호를 수색해 아편 밀매 혐의가 있는 해적 열한 명을 체포했다.

해적 체포 과정에서 배에 걸려 있던 영국 국기가 훼손되었는데, 그 이유로 영국은 선원을 모두 돌려보내라고 요구했다.

청나라와 영국은 설전을 벌였으나 합의점을 찾을 수 없었다. 이에 영국은 다시 전쟁을 벌이기로 마음먹었다.

그런데 여기에 프랑스까지 나섰다. 프랑스인 신부가 청나라에서 반란을 일으키려 했다는 죄목으로 사형을 당했는데, 이 사건의 진실을 캐낸다는 구실이었다.

1857년 영불 연합군은 며칠 만에 광저우를 함락시켰다. 이후 북쪽으로 나아가 이듬해 톈진을, 1860년에는 베이징까지 점령했다. 이들은 청나라의 별궁인 원명원을 약탈하고 불을 지르기도 했다.

결국 베이징 조약이 맺어졌는데, 이때 참관을 한다는 명목으로 영불 연합군을 따라온 미국과 러시아도 한몫씩 챙겼다.

청나라 양민이 학살당했고, 베이징 조약을 맺어야 했다. 청나라는 이번에는 톈진항마저 개항하고 주룽반도까지 영국에 할양했다. 프랑스에는 청나라가 몰수한 가톨릭 재산의 반환을 인정하고, 조약을 중개한 러시아에는 연해주를 넘겨주었다. 톈진에는 곧 영국과 프랑스 외에도 수많은 서구 열강들의 배가 몰려들었고, 그들의 집단 거주 시설도 생겨났다. 이후 청나라는 유럽 열강의 상품 시장이 되며 빠르게 쇠퇴의 길을 걸었다.

같이 볼까?

아편 전쟁 셰진 감독, 1997

이 영화는 제작 당시부터 중국 사상 최고의 제작비와 4,000만㎡에 이르는 엄청난 규모의 세트장 건설 등으로 큰 화제가 되었다. 또, 컴퓨터 그래픽 기술이 발달하지 않았던 때여서 전쟁 장면을 촬영하기 위해 3,000여 명의 엑스트라를 동원했다. 내용은 실제 역사 기록을 거의 그대로 따랐다.

나이팅게일에 가려진 진짜 '백의의 천사'

- 크림 전쟁

크림 전쟁의 검은 천사 메리 시콜

1999년 4월, 영국의 공공 노조가 시위에 나섰다. 맨 앞줄에 선 웬디 월러라는 간호사가 목청껏 외쳤다.

"우리는 '국제 간호사의 날'을 5월 12일이 아닌 다른 날로 제정할 것을 요구합니다."

"이제 더 이상 나이팅게일을 신격화하지 마십시오. 그녀는 오히려 우리 간호사들의 인권을 억압하고 있습니다."

'국제 간호사의 날'로 지정된 5월 12일은 '백의의 천사'라 불리는 나이팅게일이 태어난 날이다. 그런데 이들은 왜 이런 주장을 한 걸까? 나이팅게일이 간호사들의 인권을 억압한다는 건 도대체 무슨 말일까?

많은 사람들이 웬디 월러의 말에 고개를 갸웃거렸다. 크림 전쟁

(1853년부터 1856년까지 러시아가 흑해로 진출하기 위해 오스만 제국, 영국, 프랑스, 사르디니아 공국 연합군과 벌인 전쟁)에 참전해 수많은 부상병을 돌본 나이팅게일은 전쟁 후 영국으로 돌아와 왕실의 도움을 얻어 간호 학교를 설립했다. 그리고 그곳에서 수많은 간호사를 배출했고 《간호 노트》《병원에 관한 노트》등의 책을 써서 간호학에 큰 도움을 주었다. 이런 나이팅게일의 활약을 의심하는 사람은 아무도 없었다.

하지만 윌러와 시위에 나선 사람들의 주장은 조금 달랐다.

"나이팅게일은 간호사들에게 최저 임금을 지급하도록 했고, 간호사가 의사의 단순한 보조 업무를 담당해야 한다고 주장했습니다."

"맞습니다. 나이팅게일의 이러한 행위는 간호사의 노동 인권을 억압한 것이나 다름없습니다."

이런 이유로 나이팅게일의 공과를 재평가해야 한다는 것이 윌러의 주장이었다. 더구나 나이팅게일이 설립한 간호 학교는 규율이 지나치게 까다롭고 엄격해서 이에 따른 문제도 적지 않았다고 했다.

웬디 윌러는 중요한 주장을 하나 더 내놓았다.

"나이팅게일만을 우상화하면 같은 시대에 희생적으로 일한 다른 간호사들의 업적이 가려집니다. 우리는 나이팅게일보다 더 위험한 곳에서 부상병을 보살핀 메리 시콜을 기억해야 합니다."

이들이 언급한 메리 시콜은 나이팅게일처럼 간호사였고 똑같이 크림 전쟁에 참전했다. 그러나 그녀는 나이팅게일과는 전혀 다른 상황에 있었다.

1853년 크림 전쟁이 벌어졌을 때, 메리 시콜은 영국의 식민지였던 자메이카에 살고 있었다. 전쟁 소식을 듣고 그녀는 곧바로 영국으로 향했다. 메리 시콜은 어머니에게서 약초를 다루는 법과 환자를 간호하는 법을 배웠기 때문에 자신이 전쟁터에서 큰 도움이 될 거라 믿었다. 마침 영국 정부는 전쟁터에 나가 부상병을 돌볼 간호사를 대대적으로 모집하고 있었다.

메리 시콜은 서둘러 지원서를 냈다. 그런데 정부 관계자는 메리 시콜의 지원서를 돌려보냈다. 그녀가 이유를 알려 달라고 문의하자 이해할 수 없는 대답이 돌아왔다.

"지금 전쟁터로 가는 배의 자리가 꽉 차서 사람을 더 태울 수가 없습니다."

이상하게 생각한 그녀는 한 달 뒤 다시 지원했지만 결과는 마찬가지였다.

오래지 않아 이유를 알 수 있었다. 그녀는 자메이카인 어머니와 스코틀랜드인 아버지 사이에서 태어난 흑인이었다. 정부는 식민지 국가 출신인 흑인 여성에게 백인 병사의 치료를 맡기고 싶지 않던 것이다. 명백한 인종 차별이었지만 도리가 없었다.

메리 시콜은 포기하지 않고 자신의 전 재산을 털어 스스로 뱃삯을 내고 전쟁터로 갔다. 그리고 나이팅게일이 전선 후방의 병원에서 일한 것과는 달리 포탄이 터지는 최전방에 병상을 차렸다.

그녀는 그곳에서 직접 먹을 것을 구해 가며 부상병을 돌보았다. 의약품이 부족했고 위생은 엉망이었지만, 그녀는 자신이 알고 있는 모든 의료 지식을 동원해 환자를 치료했다. 그뿐만 아니라 사비를 털어 병사들에게 부족한 음식을 사 주기도 했으며, 죽어 가는 병사들의 마지막을 지켜 주었다. 그런 그녀의 모습에 많은 병사들이 감동을 받았다. 그녀를 '어머니'라고 부르는 사람도 있었다.

전쟁이 끝났을 때, 나이팅게일은 '램프를 든 여인'으로 불리며 열렬한 환영을 받았다. 하지만 메리 시콜은 다만 '찻잔을 든 크리

이 그림은 앨버트 찰스 챌런이란 화가가 1869년에 그린 거야. 2005년 런던의 액자 가게에 한 노인이 액자를 고치러 왔는데, 액자 속에 이 그림이 들어 있었지. 하마터면 영영 발견하지 못할 뻔했어.

나이팅게일보다 열악한 곳에서 활약한 메리 시콜도 많이 알려지면 좋겠어요.

내 SNS에 올리면 사람들이 많이 볼 거야.

올(유럽인과 흑인 사이에서 태어난 혼혈을 이르는 말)'이라 불릴 뿐이었다. 그녀는 아무도 환영하지 않는 영국으로 돌아와 노인이 될 때까지 홀로 조용히 살았다.

그런데 전쟁터에서 돌아온 병사들이 그녀를 기억했다. 그들은 한두 명씩 메리 시콜을 찾아가 위로하고 노후를 돌보아 주었다. 그리고 영국과 프랑스와 터키 정부에 메리 시콜의 활약상을 알리기 시작했다.

"메리 시콜이야말로 진정한 천사입니다."

이들은 메리 시콜에게 훈장을 주어야 한다고 주장했다. 실제로 어떤 이는 크림 전쟁에 참여했던 국가에 편지를 보내기도 했다. 세 나라의 정부는 이를 받아들여 메리 시콜에게 훈장을 수여했다. 그녀는 그 훈장들을 가슴에 단 모습을 죽기 직전 자신의 초상화로 남겼다. 그러나 거기까지였다. 이후로 메리 시콜을 기억하는 사람은 아무도 없었다.

그런데 어디론가 사라졌던 메리 시콜의 초상화가 2005년에 액자 속에서 다른 그림을 보호하는 종이로 쓰이고 있던 것이 우연히 발견되었다. 현재 그녀의 초상화는 영국 런던 국립 초상화 갤러리에 보관되어 있다. 150여 년 뒤 그림으로 부활한 메리 시콜은 나이팅게일과는 또 다른 '천사'였다.

러시아를 막아라!

표트르 대제의 노력 덕분에 발트해로 진출한 러시아는 더욱 욕심을 부렸다. 무엇보다 발트해 쪽 항구는 겨울이 되면 꽁꽁 얼어붙어서 배를 띄울 수가 없었다. 그래서 러시아는 지중해로 나아가고 싶어 했고, 그러기 위해서는 흑해로 진출해야 했다.

18세기 후반에 들어서자, 러시아는 크림반도를 발판 삼아서 오래도록 품어 온 남하 정책의 꿈을 실현할 채비를 하고 있었다. 하지만 흑해는 오랫동안 오스만 제국의 바다였다. 그래서 러시아의 황제 니콜라이 1세는 오스만 제국에 트집을 잡았다.

"우리에게도 다른 나라처럼 오스만 제국에 있는 기독교 성지의 관할권을 주시오. 그리스 정교(크리스트교의 한 교파로, 동유럽과 러시아에 신도들이 많다.)를 믿는 사람들을 보호해야 하오."

러시아가 말하는 성지는 팔레스타인 지역에 있는 예루살렘과 베들레헴 같은 곳이었는데, 모두 오스만 제국의 영토였다. 그런데 오스만 제국은 이전부터 프랑스 등 유럽의 기독교 국가에 성지를 관리할 수 있는 권한을 허락하고 있었다. 만약 이 권한을 거부할 경우, 기독교 국가들이 성지를 관리한다는 명목으로 침략해 올 수도 있기 때문이었다. 러시아는 이를 빌미 삼은 것이다. 물론 러시아가 성지 관할권을 내어 달라고 요구한 것의 이면에는 남하 정책을 실현하려는 야심이 있었다. 이런 꿍꿍이를 알고 있는 오스만 제국이 러시아의 요구를 들어줄 리 없었다.

그러던 차에 이번에는 프랑스가 베들레헴에 있는 예수 탄생 교회(예수의 탄생을 기리는 교회로, 세계에서 가장 오래된 왕립 교회)를 직접 관리하겠다고 나섰다.

"이 요구가 받아들여지지 않는다면, 우리 프랑스는 이스탄불에 군함을 파견할 것이오."

러시아는 이 틈에 기다렸다는 듯 분쟁을 일으켰다. 러시아는 오스만 제국의 북부에 군대를 보내 일부 지역을 점령해 버렸다. 당시 국력이 많이 쇠약해져 있던 오스만 제국은 선뜻 전쟁에 뛰어들려 하지 않았다. 하지만 1853년에는 러시아가 도나우강 연안의 오스만 영토를 침범했다. 이제 더 이상은 전쟁을 미룰 수가 없었다. 도나우강을 넘으면 수도 이스탄불이 멀지 않았기 때문이다. 그해 11

월, 오스만 제국은 러시아에 전쟁을 선포했다.

하지만 오스만 제국은 11월 30일 북부 항구 도시 시노페 앞바다에서 벌어진 해전에서 참패했다. 다른 지역의 소규모 전투에서도 오스만 제국의 군대는 변변한 승리조차 하지 못했다.

이런 상황을 가장 염려한 나라는 프랑스였다.

"러시아가 오스만 제국을 차지하면 향후 지중해를 넘볼 것이다. 러시아의 남하 정책을 막아야 한다."

프랑스의 나폴레옹 3세는 격노했고, 그다지 사이가 좋지 않은 영국에까지 외교관을 보내 동참할 것을 촉구했다. 이에 영국의 빅토리아 여왕도 호응했다.

"러시아가 지중해로 나오면 영국마저 위협할 것이다."

두 나라의 연합군은 즉시 오스만 제국의 북부로 달려가 러시아군을 몰아내는 동시에 오스만 제국의 흑해 영역을 보호했다. 두 나라의 등장에 러시아는 일단 후퇴했다.

하지만 그것은 전쟁의 서막에 불과했다.

"이 기회에 더 이상 러시아가 지중해를 탐내지 못하도록 해야 합니다."

의견의 일치를 본 프랑스와 영국은 오스만 제국의 군대까지 합쳐 6만의 병력으로 크림반도에 상륙했다. 곧이어 알마강 전투가 벌어졌다. 이 전투에서 연합군은 초기에는 애를 먹었지만 잘 훈련된 영국군의 사격술에 힘입어 러시아군에 완승을 거두었다.

이어 연합군은 러시아군이 주둔하고 있던 세바스토폴 요새를 노렸다. 세바스토폴 요새는 러시아가 흑해를 통해 지중해로 배를 내보낼 수 있는 전략적인 항구여서 매우 중요한 곳이었다. 러시아 군은 급히 방어하려고 나섰으나 번번이 패해 1854년 10월 연합군 이 요새를 포위했다.

곧 공격이 시작되었다. 연합군의 군함 27척이 동시에 함포 사격 을 가했다. 어마어마한 화력이 집중되었지만 러시아는 꿋꿋하게

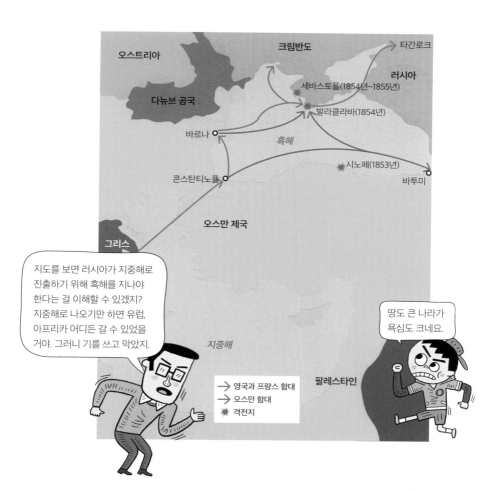

버텨 냈다. 그들은 군함을 얕은 바다에 스스로 침몰시킨 뒤 함포를
육상 대포처럼 사용하는 등 결사적으로 맞섰다. 금세 함락될 줄 알
았던 요새는 좀처럼 무너지지 않았다.

특히 발라클라바 전투에서는 작전 오류로 영국의 경기병이 러
시아군의 포격을 받아 전멸하다시피 한 일도 벌어졌다. 그럼에도
연합군은 발라클라바를 사수하는 데 성공했다. 이곳 야전 병원에
서 플로렌스 나이팅게일이 열악한 환경에도 불구하고 수많은 영국
군 환자를 치료했다.

러시아군이 완전히 기세가 꺾이기 시작한 것은 러시아 황제 니

콜라이 1세가 사망하고, 이탈리아의 사르데냐 왕국이 연합군을 지원하면서부터였다. 러시아군의 사기는 떨어지고 연합군은 더욱 강력해졌다. 알렉산드르 2세가 새 황제에 올랐지만 전세를 뒤집을 수는 없었다. 이런 상황에서 영국과 프랑스의 연합 함대가 아조프 해의 러시아 요새들을 공격하여 점령하자, 보급마저 끊긴 세바스토폴은 더 이상 버텨 내기 힘들었다. 결국 1855년 9월, 390일 넘게 버티던 러시아군은 방어용으로 사용하던 군함을 모두 폭파시킨 뒤 요새에서 탈출했다.

이후 연합군의 영국 함대는 핀란드 남부의 러시아 요새들과 수도 상트페테르부르크를 맹렬히 공격했다. 이때 상트페테르부르크의 많은 건축물들이 크게 파괴되었다. 육지에서는 연합군이 크림 반도를 넘어 우크라이나까지 치고 올라갈 기세였다. 그런 와중에 스웨덴까지 연합군에 가세하는 등 러시아는 더 이상 버틸 수 없는 상태가 되고 말았다. 결국 러시아는 오스트리아의 중재를 받아들여 연합군과 종전 협상을 벌였다. 1856년 3월, 파리 조약을 맺고 크림 전쟁은 끝이 났다. 이 전쟁으로 러시아에서는 50만 명에 이르는 사상자가 발생했고, 오스만 제국에서도 20만 명에 가까운 사상자가 나왔다.

영국은 왜 인도 사람들의 손가락을 잘랐을까?

- 세포이 항쟁

솜씨가 너무 좋아서 잘린 손가락

"우리는 그것을 '샤브남(아침 이슬)'이라고 부릅니다. '아브라완(찰랑이는 물결)'이라고 부르는 사람도 있지요."

이토록 시적인 이름으로 불린 것은 인도의 면직물이었다. 오래 전부터 인도의 면직물은 유럽 사람들에게 인기가 높았다. 무겁고 바람이 통하지 않는 양모로 옷을 만들어 입어 왔던 유럽 사람들에게 면직물은 신세계나 다름없었다. 면직물로 만든 옷은 가볍고 부드러워서 입기 편할 뿐만 아니라 세탁하기에도 편리했다. 그래서 세계의 많은 사람들이 인도의 면직물을 얻고 싶어 했다.

영국의 동인도 회사도 그중 하나였다. 1600년 설립된 영국 동인도 회사는 인도의 면직물을 사다가 영국, 더 나아가 유럽 전체에 팔기 시작했는데, 그 인기가 하늘 높은 줄 모르고 치솟았다. 이 때문

에 18세기에 이르러 영국의 양모 산업이 파탄 날 지경에 이르렀고, 모직물을 짜던 직공들은 직장을 잃을 위기에 놓였다. 분노한 사람들은 길거리로 뛰쳐나와 면직물로 된 옷을 입은 사람들을 공격하기도 했다. 그래도 아무런 효과를 보지 못하자 이번에는 법에 호소했다. 영국 의회는 면직물 수입을 제한하는 법을 통과시켰지만, 면직물의 인기를 막을 수는 없었다.

그러나 더 큰 문제는 '은'에 있었다. 동인도 회사가 인도의 면을 사기 위해서는 인도에 은으로 결제해야 했는데, 면의 수요가 워낙 많다 보니 썰물처럼 빠져나가는 은을 감당할 수가 없었다. 면직물이 국가의 경제를 흔들었던 것이다.

결국 동인도 회사와 결탁한 영국 정부는 군대를 동원해 인도를 식민지로 만들어 버렸다. 그들은 철도를 개설하여 인도 전역의 면직물을 실어 나르기 시작했다. 아예 원료인 목화를 따자마자 영국으로 가져갔다. 마침 영국은 산업 혁명이 무르익고 있었기 때문에 직조 기술이 크게 발전하고 있었다. 수많은 종류의 방적기(섬유에서 실을 뽑아내는 기계)와 조면기(목화씨를 빼내는 기계)가 발명되었고, 영국 사람들은 이 기계들로 면직물을 대량으로 만들어 냈다.

그런데 이상한 일이 있었다. 똑같이 인도에서 생산된 목화로 만든 면직물인데도 사람들은 기계로 만든 면직물보다 인도 사람들이 손으로 만든 면직물을 더 좋아했다. 그뿐만 아니라 인도 사람들은 영국에서 들어온 값싼 면직물을 사지 않으려 했다. 여기에는 그럴 만한 이유가 있었다. 바로 인도 사람들의 숙련된 솜씨 때문이었다. 비록 가내 수공업이긴 했지만, 상당수의 인도 사람들은 아주 오래 전부터 면직물 짜는 일을 해 온 덕분에 그 솜씨가 남달랐다.

이에 동인도 회사는 특단의 조치를 내렸다. 인도 사람들이 면직물 짜는 것을 금지시킨 것이다. 그러나 인도 사람들은 면직물 짜는 일을 멈추지 않았다. 그 일은 그들에게 생활이었고 전통이었으며, 민족의 자존심이기도 했다.

"아무리 값싼 영국 면직물이 들어와도 나는 내 손으로 면직물을 짤 것이오!"

인도 사람들은 아무리 영국인들이 핍박해도 물레 앞을 떠나지 않았다. 그러자 영국인들은 끔찍한 짓을 저질렀다.

"면직물 짜는 사람들의 손가락을 잘라라!"

동인도 회사 사람들은 군대를 동원해 집집마다 돌아다니면서 면직물을 짜는 사람들의 손가락을 잘랐다. 처음에는 엄지, 그래도 계속하면 검지를 잘랐다. 그래도 포기하지 않으면 손가락을 다 잘라 버렸다. 어떤 마을에는 손가락 잘린 사람들이 집집마다 있을 정도였다.

이 끔찍한 일은 영국이 면직물을 독점하기 위해 벌인 일 중의 하나에 불과했다. 점차 인도 사람들은 좋은 면직물을 생산하기 어려워졌고, 영국의 면화를 사서 쓸 수밖에 없었다. 이후로 영국은 풍요로워지고, 반대로 인도는 모든 것을 빼앗긴 채 무너져 갔다. 인도는 아주 오래도록 영국의 식민지로 남아 있어야 했다. 인도 사람들은 식민지 백성의 비참한 현실을 견딜 수밖에 없었다.

영국의 식민 지배에 저항한 세포이 항쟁

영국이 처음 인도에 발을 들여놓은 것은 1600년대 초였다. 엘리자베스 여왕의 허락을 얻은 동인도 회사는 1608년에 수라트(인도 서부에 있는 항구 도시) 지역에 처음 교역 기지를 건설했다. 이후 한동안 동인도 회사는 봄베이와 벵골, 마드라스 지역을 축으로, 주로 남부 지역을 무역의 거점으로 삼았다. 특히 남인도는 무굴 제국(16세기부터 19세기까지 인도에 있었던 이슬람 제국)의 영향을 거의 받지 않고 있어서 영국이 접근하기에 아주 유리했다. 이어 인도 대륙 동부로 진출하기 위해서 1651년 벵골의 후글리 지역에 무역 공관을 개설했다.

1700년대 이후로는 뒤늦게 인도에 진출한 프랑스와의 갈등이 심했으나, 1757년에 벌어진 플라시 전투(벵골 태수의 군대와 프랑스 군대가 연합하여 영국군과 벌인 전투)에서 승리함으로써 인도의 지배권을 확실히 챙길 수 있었다. 특히 인도의 어느 지역보다 토지가 비옥하고 산업이 발달한 벵골 지역을 손에 넣음으로써 영국은 인도 전체를 차지할 기반을 마련하게 되었다.

1765년, 클라이브가 동인도 회사의 인도 총독으로 파견되었다. 그는 가장 먼저 벵골 태수와 협약을 맺어 태수의 군대를 해산시켰다. 그리고 중요한 관료를 임명할 때 영국의 동의를 얻도록 했다. 그렇게 행정권을 장악한 다음, 황제마저 협박하여 벵골을 비롯한 몇몇 지역의 조세 징수권까지 빼앗아 버렸다. 이후 동인도 회사의 부는 극대화되었고, 벵골 정부는 황폐해졌다.

이처럼 인도를 지배하는 일이 손쉬워지자 영국 정부는 동인도 회사를 통해서가 아니라 직접 총독을 파견하여 인도를 통치하기 시작했다. 영국은 인도의 개혁과 근대화를 핑계로 철도를 놓는 등 자본을 들이고 군대까지 파견했다. 그 이면에는 산업 혁명으로 일어나고 있는 자국의 산업을 더욱 발전시키려는 의도가 숨어 있었다. 영국은 특히 인도의 면화를 독점하여 질 좋은 면화를 본국으로 실어 날랐다. 그리고 면직물을 만들어 인도에 되팔았다. 덕분에 영국의 면직물 관련 산업은 눈부시게 발전했고, 인도의 섬유 산업은 파괴되었다. 수공업에 의존하던 사람들은 일자리를 잃었으며, 인도의 경제는 거덜 나기 시작했다.

"면화 수공업자들의 뼈가 인도의 들판을 하얗게 뒤덮는다!"

영국 사람들조차 이렇게 표현할 정도였다. 이런 사정은 인도 사람들에게 반감을 불러일으켰다. 남인도에 있던 마이소르 왕국 주민들은 1767년부터 1799년에 이르기까지 네 차례나 항쟁을 일으켜 영국과 싸웠고, 인도의 중부 지역에서는 마라타족이 1818년까지 영국에 저항했다. 펀자브 지역의 시크족도 1845년부터 1849년 사이에 두 차례에 걸쳐 싸웠다. 하지만 속속 영국의 손아귀로 들어가고 말았다.

1846년, 인도의 총독으로 부임한 댈하우지는 인도 전역을 직접 지배하겠다고 선포했다. 이에 더해 영국은 주위의 버마(오늘날의 미얀마)와 네팔과도 싸워 이기면서 사실상 인도를 완전히 손아귀에 넣었다. 물론 그렇다고 해서 인도의 저항이 멈춘 것은 아니었다. 1857년에는 보다 큰 저항 운동이 벵골을 중심으로 일어났다. 그 중심에는 '세포이(Sepoy)'라 불리는 동인도 회사의 용병이 있었다.

세포이는 동인도 회사에 고용되어 월급을 받는 인도인 병사로, 이들은 사실 영국이 인도를 식민지화하는 데 크게 공헌한 사람들이었다. 다른 인도인들과 달리 특권을 누릴 수 있었고 경제적으로도 안정된 생활을 할 수 있었다. 하지만 점점 가혹해지는 인도에 대한 수탈과 탄압 그리고 인종 차별로 인해 영국을 향한 세포이의 불만이 점차 커져 갔다.

그러던 중 1857년 1월, 세포이가 주둔하고 있는 캘커타(지금의 콜

카타 지역) 북부 지역의 한 병기고에서 뜻밖의 일이 발생했다.

"이봐요, 혹시 목이 마르다면 내가 물을 나눠 드리지요."

세포이 한 명이 지쳐서 앉아 있던 동료에게 물병을 건네며 말했다. 그런데 그 말을 들은 동료 세포이가 버럭 화를 냈다.

"네 이놈! 아무리 같은 세포이라도 네놈과 나는 신분이 달라! 어디서 감히 먹던 물을 내밀어?"

앉아 있던 세포이는 가장 높은 신분인 브라만 출신이었고, 물병을 건넨 세포이는 그보다 천한 신분이었다. 인도는 예부터 신분제인 카스트 제도가 엄격했고, 이에 따라 신분이 다른 사람끼리는 절대 음식을 나누어 먹지 않았다.

물병을 건넨 세포이가 비웃듯 말했다.

"뭘 이런 걸 가지고 화를 내요? 당신은 곧 소기름과 돼지기름으로 싸인 총알을 물어뜯어야 할 텐데."

이 말에 브라만 출신 세포이는 깜짝 놀랐다. 그는 그 사실을 자신의 동료들에게 알렸다. 그러자 큰 소동이 빚어졌다.

"이건 영국놈들이 우리 인도 사람들을 종교적으로 탄압하는 겁니다."

"맞아요. 놈들이 우리를 기독교로 개종시키려는 음모라고요!"

지금도 비슷하지만, 당시 인도는 힌두교 아니면 이슬람교를 믿는 사람들이 대다수였다. 영국 사람들은 인도 사람들의 종교가 미개하다고 욕하면서 기독교로 개종시키고자 했다. 기독교로 개종해야 조상의 재산을 상속받을 수 있는 법을 만들거나, 힌두교 사원과

이슬람 사원에 무거운 세금을 부과하기도 했다. 이런 식으로 영국 인들은 인도 사람들을 종교적으로도 탄압했다.

세포이들은 분노하여 병영 밖으로 뛰쳐나갔다. 그러자 영국군 장교들은 주모자 몇 명을 처형하고 얼른 사태를 마무리 지으려 했다. 하지만 사태는 그리 쉽게 진정되지 않았다. 3월에도 4월에도 새로운 총에 대한 세포이들의 거부와 저항 사태가 일어났다.

그러던 5월의 어느 날, 델리에서 약 60킬로미터 떨어진 메루트 지역의 병영에서 세포이들이 마침내 항쟁을 시작했다. 세포이들은 무기고를 부수고 총과 탄환을 탈취했다. 그리고 델리 시내로 뛰쳐 나가 영국인 관리들과 장교들을 살해하고 그들이 살던 집을 불태웠다. 델리에 머물던 세포이들도 이 항쟁에 합류해 영국인들을 보이는 대로 잡아 가두거나 목숨을 빼앗았다.

"인도의 자존심을 세우자!"

세포이들은 무굴 제국의 황제 바하두르 샤 2세를 '인도의 황제'로 추대했다. 이 소식이 전국 각지로 전해졌다.

소식을 들은 세포이들이 속속 델리로 모여들었다. 일반 시민들까지 항쟁에 참여하겠다며 나섰다. 큰 도시에서는 점점 더 많은 사람들이 뛰쳐나와 세포이와 함께 영국인들에게 저항했다. 이에 용기를 얻은 황제는 인도의 모든 족장들에게 격문을 보냈다.

"세포이들과 함께 싸워 인도의 독립을 이루어 냅시다!"

항쟁은 주변의 도시로 들불처럼 번져 나갔다. 더 많은 세포이들이 영국과의 싸움에 나섰고, 국민들도 무기가 될 만한 것들을 손에 집어들었다.

당황한 영국은 펀자브 지역의 병사들을 모아 세포이 항쟁에 맞섰다. 영국은 더 우수한 무기를 앞세워 델리 주변 지역을 차례로 평정하고 델리로 진입했다. 세포이들은 죽을힘을 다해 영국군의 공격에 맞섰다.

"영국에 빼앗긴 인도를 되찾읍시다!"

"인간답게 살려면 영국과 싸워 이겨야 합니다!"

그들은 목청껏 외치며 싸웠지만 불가항력이었다. 세포이들은 4개월 만에 델리를 영국군에 빼앗기고 말았다. 바하두르 샤 2세의 아들들은 영국군에 붙잡혀 처형되었다. 바하두르 샤 2세도 체포되

내가 여왕이다!
나를 따르라!

세포이 항쟁이 벌어지자 용감하게 싸움에 뛰어든 여인이 있었다. 갓 스물이던 락슈미바이였다.

이제부터 우리가 지배한다!

락슈미바이는 인도의 한 작은 왕국의 왕비였다. 그녀는 영국이 부당하게 자신의 나라를 빼앗자, 세포이 항쟁에 뛰어들어 싸움을 이끌었다.

쟤는 뭔데 저렇게 세?

그녀는 남장을 하고 전투에 참여했는데, 무술 솜씨도 아주 뛰어났다. 앞장서서 영국군을 물리쳤고, 그녀를 따르는 사람도 많았다.

하지만 락슈미바이는 1858년 6월 어느 날, 영국군의 총탄을 맞고 장렬하게 전사했다.

어 버마로 추방되었다. 이로써 오래도록 인도를 통치한 무굴 제국은 완전히 사라지고 말았다.

곧이어 영국군은 강렬하게 저항하던 몇몇 도시의 세포이들을 차례로 굴복시켰다. 아직 잡히거나 항복하지 않은 세포이들이 끈질기게 유격전을 벌이며 영국군을 괴롭혔지만, 더 이상 지도자가 없었고 반영국 투쟁을 벌이는 사람들의 이해관계도 서로 달라서 결국 세포이 항쟁은 실패로 돌아가고 말았다.

항쟁을 진압하긴 했지만 영국 정부도 이번 일로 적잖이 놀랐다. 빅토리아 여왕은 1858년 11월 "고대 인도의 전통과 제도를 존중하며 기독교로 개종하는 것을 강요하지 않겠다!"라고 선언했다. 그러나 영국 정부는 이때부터 동인도 회사를 해산하고 인도를 직접 통치하기 시작했다. 영국의 식민 지배는 더욱 조직적이고 치밀해졌다. 출판의 자유를 제한하고, 인도인 세 명 이상이 모이지 못하게 했으며, 고위직에 인도인이 진출하지 못하도록 막았다. 독립을 이룰 때까지 인도인들의 크고 작은 항쟁은 계속되었다.

같이 볼까?

라가안 아슈토쉬 고와리커 감독, 2001

인도가 영국의 식민지였던 1800년대 초의 이야기로, '라가안'이란 농부들이 곡물로 내던 세금을 말한다. 인도의 한 작은 마을, 영국인들이 라가안을 두 배로 올리려 하자 인도인들이 선처를 호소하고, 영국 측에서는 세금 감면 문제를 놓고 크리켓 시합을 제안한다. 영국의 식민 지배 야욕과 이에 저항하는 인도인들의 공동체 의식이 담겨 있는 영화이다.

링컨이 노예 해방을
반대했었다고?
- 미국의 남북 전쟁

링컨에게 노예 해방보다 중요했던 것

"나는 백인과 흑인이 정치적으로나 사회적으로 평등하게 대우받는 것에 찬성하지 않습니다."

미국의 16대 대통령 선거를 2년 앞둔 1858년 가을, 한 출마 예정자가 수많은 군중 앞에서 이렇게 말했다. 이 사람은 다름 아닌 에이브러햄 링컨이었다. 도대체 어떻게 된 일일까? 노예 해방을 앞당기고, 남북 전쟁을 승리로 이끌었던 링컨이 이런 말을 했다는 게 사실일까?

1860년 11월 미국 대통령에 당선된 뒤에도 링컨은 노예 제도 폐지에 대한 입장을 명확히 세우지 못했다. 이미 이 무렵에는 미국의 북부를 중심으로 노예 제도 폐지에 대한 논의가 활발하게 일어나고 있던 때였다. 하지만 남쪽 지방의 여러 주들은 노예 제도 폐지

를 반대하고 있었다. 이들에게 노예는 경제적으로 중요했기 때문에 노예 제도 폐지를 강하게 반대할 수밖에 없었다.

이듬해 2월, 노예 제도 폐지를 반대하는 남쪽의 7개 주가 미국 연방에서 탈퇴했다. 그리고는 남부 연합을 만들고 북부와의 전쟁을 선포했다. '남북 전쟁'이 시작된 것이다.

이때 링컨은 남부 연합에게 이렇게 밝혔다.

"우리가 남북으로 분열되어서는 안 된다. 만일 남부가 원한다면 노예 제도를 계속 유지해도 좋다."

사실 링컨에게는 노예 제도보다 미합중국이 둘로 쪼개지는 것이 더 큰 문제였다. 그래서 당분간은 노예 제도를 인정하고서라도 나라가 둘로 나뉘는 것만큼은 피하고자 했다. 그러나 남부 사람들은 요지부동이었다. 링컨은 다시 이들을 설득했다.

"남부의 폭동에 가담한 주들에 권고한다. 90일 내에 남부 연합에서 탈퇴하라. 그러면 노예제를 인정해 줄 것이다!"

그래도 남부 연합은 흔들림이 없었다. 다급해진 것은 오히려 링컨의 휘하에서 전쟁을 수행하던 장군들이었다.

"대통령 각하! 남부 연합 군사들의 진군 속도가 무척 빠릅니다. 사기도 만만치 않고요. 전세를 역전시킬 수 있는 가장 좋은 방법은 서둘러 노예 해방을 선언하는 것입니다. 노예 해방을 선언하면 남군 진영에 혼란이 올 것입니다."

결국 링컨은 1862년 9월 노예 해방을 선언했다.

"1863년 1월 1일부터 미국 연방 정부에 대해 반란 상태에 있는 여러 주의 노예를 모두 해방한다!"

그러나 이 선언은 완전한 노예 해방은 아니었다. 북부의 지주들에게는 여전히 노예제가 유효하고, 다만 남쪽으로 진군한 북부의 지휘관에게 자신이 점령한 지역의 노예를 해방할 권한을 준 것이었다.

그러나 뜻밖에도 이 선언의 효과는 컸다. 국민의 여론이 북부에 우호적으로 흘러갔고, 유럽의 여러 나라도 이 선언을 지지하기에 이르렀다. 이로 인해 전쟁은 북부에 유리하게 전개되어 결국 북부가 승리하게 되었다. 만일 링컨이 조금만 더 노예 해방을 미루었다면, 남북 전쟁의 승부는 달라졌을지도 모른다.

흑인 노예의 비참한 삶을 보여 준 톰 아저씨

1852년, 한 권의 책이 미국 전역을 슬픔과 분노로 뒤덮었다. 그 책은 해리엇 비처 스토가 쓴 《톰 아저씨의 오두막》이었다. 흑인 노예의 비참한 일생을 담은 이 책은 출간 1년 만에 30만 부가 팔려 나갔고, 사람들은 노예 제도에 대해 다시 생각해 보게 되었다.

물론 노예 제도에 대한 논란은 이전부터 계속되어 왔다. 그러나 책의 영향으로 좀 더 적극적으로 폐지를 주장하는 사람들이 나타나기 시작했다. 미국의 남쪽 주와 북쪽 주도 이 문제로 끊임없는 신경전을 벌였다. 우선 남쪽 주는 노예 제도 폐지를 원하지 않았다. 대규모 면화 농장이 많았던 남부에서는 면화를 직접 따야 하고, 이를 상품으로 만드는 과정에서도 일손이 많이 필요했기 때문에 노예가 꼭 필요했다. 만일 노예 제도가 폐지되면 그 많은 인부를 돈을 주고 고용해야 하기 때문에 남부의 경제에 큰 타격이 생길 수밖에 없다고 여겼다. 그래서 대규모 농장을 소유한 사람들은 노예 제도를 적극적으로 지지했다.

반면, 공장이 많이 들어선 북쪽의 여러 주에서는 노예 제도 폐지에 적극적으로 찬성하는 편이었다. 노예 제도가 폐지되면 이들을 싼값에 고용할 수 있고, 이에 따라 더 많은 이익을 남길 수 있을 것이라는 판단에서였다. 꼭 그런 이유가 아니더라도 북부 주에서는 이전부터 노예제가 빠르게 사라지고 있었다. 그뿐만 아니라 남부

너그러운 백인 농장주 셸비의 집에 살던 흑인 노예 톰은
농장이 파산하면서 다른 곳에 팔려 갈 처지에 놓인다.

톰은 물에 빠져 죽을 뻔한 백인 소녀 에바를 구해 주
고, 덕분에 에바의 집으로 가게 된다.

한동안 평화로운 나날을 보내던 톰은 에바가 병에 걸려
죽고 그녀의 아버지마저 죽자 다시 팔려 간다.

톰의 새 주인 그리그와 그의 하수인인 흑인 삼보는
노예를 가혹하게 다룬다.

어느 날, 톰은 여자 노예의 탈출을 도왔다는 누명을 쓰고
가혹한 폭행을 당하고 몸져눕는다.

폭행당한 후 아무도 돌보지 않던 톰에게 셸비의
아들 조지가 찾아온다. 톰은 그의 품에서 세상을
떠난다.

에서 도망친 노예를 북부에서 숨겨 주는 일도 자주 일어났다. 오하이오, 펜실베이니아, 매사추세츠 등의 주는 특히 노예제 폐지에 앞장섰다.

결국 남부와 북부 사이의 긴장감이 팽팽해졌고, 정치 지도자들도 명확히 어느 한쪽 편을 들지 못했다. 1860년 링컨이 대통령에 당선되었지만, 그 역시 노예 제도 폐지에 대한 확고한 생각을 밝히지 않았다. 그런 상황에서 루이지애나와 앨라배마 등 남부의 7개 주가 미합중국에서 탈퇴를 선언하고 남부 연합을 결성해 자신들만의 새로운 정부를 출범시켰다. 그러고는 서둘러 7개 주에 있던 연방 정부의 모든 재산을 몰수했다.

그러나 사우스캐롤라이나에 자리잡은 섬터 요새만은 연방 정부의 병사들이 지키고 있었다. 남부 연합은 연방 정부에 섬터 요새에서 철수할 것을 요구하며 협상을 요청했다.

"반란군과의 협상은 없다!"

연방 정부는 남부 연합의 요구를 단칼에 거절했다. 섬터 요새는 전략상 매우 중요한 곳이었고, 남부 연합의 요구를 손쉽게 들어줄 경우 남부 연합 정부를 인정하고 분리를 허용하는 꼴이나 다름없었기 때문이다. 대통령에 취임한 링컨은 섬터 요새를 사수하기로 결정했다. 그러자 남부 연합은 섬터 요새를 향한 공격을 개시했다. 남북 전쟁의 서막이 올랐다.

치열한 전투가 벌어졌다. 남부 연합은 우선 포를 동원해 34시간 동안 쉬지 않고 공격했고, 그 바람에 요새 안의 목재 건물이 불에

탔다. 이어 식량이 바닥나고 무기도 떨어졌다. 결국 섬터 요새는 남부 연합의 수중에 떨어졌다.

북군(연방 정부의 군대)은 남부 연합의 수도 리치먼드를 공략하기 위해서 3만 8천 명의 병력을 동원했다. 그들은 승리를 확신했기 때문에 의기양양했다. 구경꾼들이 이들의 뒤를 따라나설 정도였다. 하지만 결과는 북군의 패배였다. 북군은 세년도어강 골짜기에 이르러 수적으로 열세에 있던 남군을 호기롭게 공격했지만, 지휘관의 경험 부족과 작전 미숙으로 유리한 상황에서도 지고 말았다.

북군은 꽤 충격을 받았다. 링컨 대통령은 50만 명의 병력을 모

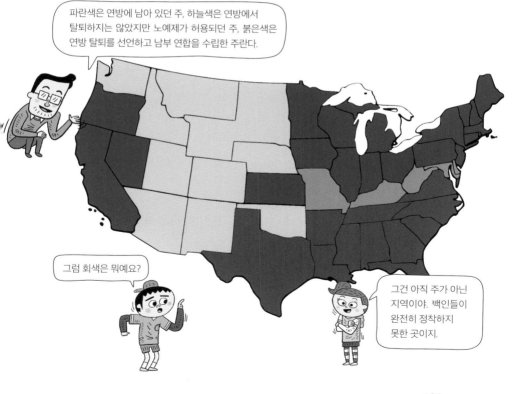

파란색은 연방에 남아 있던 주, 하늘색은 연방에서 탈퇴하지는 않았지만 노예제가 허용되던 주, 붉은색은 연방 탈퇴를 선언하고 남부 연합을 수립한 주란다.

그럼 회색은 뭐예요?

그건 아직 주가 아닌 지역이야. 백인들이 완전히 정착하지 못한 곳이지.

집하는 법안에 급히 서명하여 병사들을 모집했다. 순식간에 많은 병사들이 지원하여 북군은 잃었던 사기를 조금씩 되찾아 갔다.

북군이 승기를 잡은 것은 1862년 9월 메릴랜드의 앤티텀 전투에서였다. 이때 남군은 메릴랜드주를 차지하려 했고, 북군은 매클렐런 장군을 앞세워 이를 저지했다. 이 전투도 처음에는 수적으로 우세한 북군에게 오히려 불리하게 전개되었다. 매클렐런 장군은 지나치게 신중했다. 남군 총사령관 로버트 리는 이런 매클렐런을 정확히 파악하고 공격을 주저하는 북군의 요새를 몇 곳 선제공격하여 빼앗았다.

이런 와중에 북군의 기병대가 남군 장교들이 흘린 로버트 리 장군의 작전 명령서를 손에 넣게 되었는데, 이것이 전세를 뒤바꾸는 결정적인 계기가 되었다. 맥클렐런은 남군의 작전을 간파하고 한꺼번에 대규모 공격을 개시했다. 로버트 리는 뒤늦게 작전의 비밀이 새어 나간 사실을 알았지만, 결국 전투에서 패하고 말았다. 전투가 끝나자 링컨은 매클렐런의 부대를 방문하여 병사들과 일일이 악수를 나누었다. 그리고 몇 달 뒤인 1863년 1월 1일 노예 해방을 선언했다.

1863년 7월에는 게티즈버그에서 전쟁의 흐름을 바꾸어 놓을 큰 싸움이 벌어졌다. 이때 남군은 주력군을 활 모양으로 배치하여 북군을 몰아붙일 계획을 세웠고, 7월 1일의 첫 싸움에서 요새 하나를 점령하는 등 작은 승리를 거두었다. 그러나 다음 날 싸움에서 지원군이 늦게 도착하는 바람에 북군을 완전히 몰아붙이지 못했다. 또 다음 날에도 남군은 포를 앞세워 북군을 공격했으나, 결정적인 승기를 잡지는 못했다.

남군은 골짜기 너머에 있는 북군을 총공격하기로 했다. 그러나 도리어 남군이 골짜기를 지날 때 북군이 기습해 온 바람에 남군은 치명타를 입고 말았다. 결국 남군은 로버트 리의 명령에 따라 포토맥강으로 후퇴했다. 이 전투에서만 1만 5천 명의 병사들이 죽거나 다쳤다.

이때 격전이 벌어졌던 이곳 게티즈버그에서 죽은 장병들을 위한 추도식이 열렸다. 링컨은 수많은 국민들이 모인 추도식에서 이

렇게 연설했다.

"국민의, 국민에 의한, 국민을 위한 정부가 지상에서 영원히 사라지지 않도록 우리 모두 다 같이 노력합시다."

이후 북군은 점차 남진하여 남군을 몰아붙였다. 더 이상 남군은 격렬하게 저항하지 못했다. 마침내 1865년 4월 9일, 남부 연합의 수도 리치먼드가 점령당했고, 남군의 로버트 리 장군은 버지니아 주의 작은 도시에서 북군 총사령관인 그랜트 장군에게 항복을 선언했다.

얼마 후 링컨은 부인과 함께 연극을 보러 갔다가 극장에서 암살당하고 말았다. 링컨의 노예 해방이 정치적으로 전략적인 판단이었다고 평가하는 사람도 있다. 하지만 링컨의 노력은 미국 역사에 커다란 전환점을 마련했으며, 인류의 인권 신장의 역사에서도 중요한 시작점이 되었다.

이야기로 읽는 세계사 연표

1804년	• 나폴레옹이 프랑스 황제에 즉위했다.
1814년	• 빈 회의가 열렸다. 나폴레옹 전쟁 후의 사태를 수습하기 위한 국제 회의였다.
1821년	• 오스만 제국의 지배 아래 있던 **그리스가 독립 전쟁**을 시작했다.
1830년	• 프랑스가 알제리를 침략했다.
1840년~1842년	• 아편 전쟁이 벌어졌다.
1851년	• 청나라에서 **태평천국** 운동이 일어났다. 아편 전쟁이 끝난 뒤 청나라 정부는 전쟁 배상금을 지불하기 위해 백성들을 가혹하게 수탈했다. 그중에서도 피해가 심한 곳이 광둥이었는데, 이곳에 살던 홍수전이 '배상제회'라는 종교 단체를 만들고 세상을 구하겠다는 일념으로 봉기를 일으켰다. 그는 꿈속에서 계시를 받았다면서, '태평천국'이라는 나라를 세우고 스스로 왕의 자리에 올랐다. 홍수전은 "남자와 여자, 부자와 가난한 사람을 차별해서는 안 된다."라고 했기 때문에 그를 따르는 사람이 많았다. 홍수전은 기세를 몰아 1853년 난징을 점령했고, 마침내 베이징을 향해 진군했다. 하지만 조정에서 보낸 진압군과 외국군의 개입으로 태평천국군은 베이징에 다다르지 못했다. 또한 지도자들의 권력 다툼이 일어나고 홍수전이 죽는 바람에 반란은 진압되었다.

홍수전 꿈에 한 노인이 나타나서 "마귀가 세상을 어지럽히니 어서 일어나 싸워라!"라고 말했대. 그래서 종교 단체를 만든 거야.

아니, 꿈대로 살면 나도 왕 되고도 남았게?

난 벌써 사람 됐을걸?

1853년	• 크림 전쟁이 일어났다.
	• 미국의 페리 제독이 일본에 개항을 요구했다. 이즈음 쇄국 정책을 펴던 일본은 러시아와 영국 등의 개항 요구를 거절하고 철저히 문을 닫아 걸고 있었다. 결국 미국의 군함까지 나타나 일본의 문을 두드렸다. 일본은 협상 끝에 돌려보냈으나, 페리 제독은 1년 후 함선을 이끌고 다시 찾아왔다. 서양의 강한 군사력에 대항하기 어려웠던 일본은 화친 조약을 맺을 수밖에 없었다. 이 조약을 계기로 4년 뒤 미일 수호 통상 조약까지 맺었으며, 이때부터 미국은 일본에 자신들의 상품을 팔기 시작했다.
1857년~1859년	• 세포이 항쟁이 일어났다.
1861년~1865년	• 미국에서 남북 전쟁이 벌어졌다.
1869년	• 이집트가 수에즈 운하를 개통했다.
1871년	• 분열되어 있던 독일 지역이 통일되었다(독일 제국).
1894년~1895년	• 청일 전쟁이 벌어졌다. 조선을 사이에 두고 대립하던 청나라와 일본이 전쟁을 벌이게 된 것은 조선에서 일어난 동학 농민 운동 때문이었다. 탐관오리의 가혹한 수탈에 견디지 못한 조선의 농민들이 봉기하자 조선의 조정에서는 청나라에 도움을 청했고, 이를 지켜보던 일본도 조선에 발을 들였다. 그런데 농민군이 진압된 뒤에도 일본군은 조선에 남아서 청나라에 "조선에서 손을 떼라!"라며 간섭했다. 결국 두 나라는 전쟁을 피할 수 없었다. 일본군이 먼저 선수를 쳐서 아산만 앞바다의 청나라 배를 침몰시켰고, 이어 압록강 어귀에서 벌어진 싸움에서도 일본군이 승리를 거두었다. 이 여세를 몰아 일본군은 발해만과 산둥반도까지 손에 넣었다. 결국 청나라는 시모노세키 조약을 맺고, 조선에 대한 우선권을 일본에 넘겨주었다.
1899년~1902년	• 아프리카에서 보어 전쟁이 일어났다. 유럽 사람들은 아프리카에 식민지를 만들기 위해 열을 올렸다. 영국도 빠지지 않았는데, 특히 영국은 이미 오래전에 아프리카에 들어와 살고 있던 보어인(남아프리카 끝에 살고 있던 네덜란드 사람들의 후손)의 정착지인 케이프 식민지까지 뺏으려 했다. 그러자 보어인들은 영국과의 싸움을 피해 북쪽으로 가서 트란스발 공화국을 세우고 정착했다. 그런데 얼마 후 트란스발에서 거대한 금광이 발견되자 영국은 이 지역도 탐을 냈다. 1899년 10월 영국이 트란스발에 군대를 보내면서 전쟁이 일어났다. 이 싸움으로 수많은 보어인

보어인 게릴라 부대

워, 6대 1의 싸움이었네.
영국이 금광이 정말
탐이 났나 봐.

금광을 차지하려고 영국은
무려 45만 명의 군인을
동원했어.

반면 보어인은 고작
7만 명 이었어. 전쟁은
결국 영국이 승리했지만
세상의 비난을 받았지.

이 죽임을 당하였다.

1900년

• 청나라에서 의화단의 난이 일어났다. 청일 전쟁이 끝나고 얼마 지나지 않아 의화단이라는 비밀 단체가 조직되었다. 의화단은 외국인들에 대한 테러는 물론, 그들이 세운 교회나 철도 등을 파괴하는 데 앞장섰다. 외국인의 침략으로 나라가 도탄에 빠졌다고 생각했기 때문이다. 베이징 사람들도 의화단을 환영했다. 그러자 서태후(청나라 함풍제의 후궁으로 당시의 권력자)는 의화단을 이용해 서양 세력을 물리치고자 했다. 그녀가 의화단의 뒤를 봐주자 의화단은 베이징을 마음껏 돌아다니며 외국인들을 공격했고, 일본과 독일 공사가 죽임을 당했다. 영국과 미국, 이탈리아와 러시아, 일본 등은 연합군을 결성하고 군대를 베이징으로 보냈다. 연합군은 의화단을 공격한다는 핑계로 베이징에 닥치는 대로 포를 쏘아 댔다. 결국 의화단은 쫓겨났고, 청나라 조정은 4억 5천만 냥의 배상금을 지불해야 했다.

1904년	• 러일 전쟁이 벌어졌다. 이 전쟁에서도 일본이 승리하였다.
1905년	• 러시아에서 '피의 일요일' 사건이 발생했다. 1904년 12월 말, 페테르부르크의 한 공장에서 몇 명의 노동자가 해고되었다. 시위를 주도했다는 이유였다. 그러자 다른 공장에서 이에 항의하는 시위가 일어나 11만 명의 노동자가 참여했다. 러시아 노동자들은 열악한 노동 환경과 낮은 임금으로 어렵게 생활하고 있었기 때문에 시위에 참여하는 인원은 점점 많아졌다. 1905년 1월, 시위대는 니콜라이 2세에게 청원하는 호소문을 들고 겨울 궁전을 향해 행진했다. 헌법을 만들 의회를 세워 줄 것과 여덟 시간 노동제를 지켜 달라는 내용 등이 담겨 있었다. 그러나 이들을 기다린 건 총을 든 병사들이었다. 수만의 노동자들은 "병사들이여, 우리에게 총을 쏘지 말라!"라고 외쳤지만, 기어이 총성이 울리고 수천의 노동자들이 쓰러졌다. 이것이 '피의 일요일' 사건으로, 이 사건은 러시아 혁명의 발단이 되었다.
1907년	• 삼국 협상이 체결되었다. 독일의 비스마르크는 유럽의 절대 강

독일은 3B 정책을 추진했고, 영국은 3C 정책을 추진했어.

상대가 뭘 하면 똑같이 따라 했네. 유치원생 같은걸.

3B 정책은 베를린, 비잔티움, 바그다드를 잇는 철도를 만들자는 계획이었고, 3C 정책은 카이로, 케이프타운, 캘커타라를 연결하자는 계획이야. 이 정책들은 식민지 지배권 강화를 위한 것이었어.

- 3장 -

세계
대전과
냉전의
시대

비둘기 싸움에서
이긴 나라가 승리한다
– 제1차 세계 대전

비둘기를 날려라!

제1차 세계 대전이 막바지로 치닫고 있던 1918년 10월 3일, 연합군은 프랑스 북서부에서 '뫼즈-아르곤 공세'라 불리는 최후의 격전을 치르는 중이었다. 특히 이곳은 독일군이 개전 초에 점령한 이래 단 한 번도 연합군이 탈환한 적이 없었다. 그러나 이곳만 차지한다면 프랑스 북부와 벨기에 쪽으로 이어지는 독일군의 보급로를 완전히 차단할 수가 있었기에 연합군은 대대적인 공격에 나섰다.

시작부터 어려움이 많았다. 특히 끝없는 숲과 계곡으로 이어진 아르곤 지역에서 미 육군 308보병 연대의 1대대와 2대대는 적군의 반격으로 포위된 채 숲에 고립되고 말았다. 6일 만에 탄약은 물론 식량과 물까지 바닥났다. 설상가상으로 이들을 돕겠다고 나선 포병 부대가 독일군의 위치로 잘못 알고 도리어 고립된 미군에게 포격을 하기도 했다. 말 그대로 고립무원이었다.

"우린 이대로 죽을 때만 기다려야 하나요?"

"이 지옥 같은 숲에서 살아 나갈 가능성은 전혀 없는 건가요?"

용맹했던 부하들도 고립의 시간이 길어지자 점점 겁을 먹기 시작했다.

대대장 휘틀시 소령은 마지막 남은 희망을 비둘기에 걸어 보기로 했다. 휘틀시 소령은 작은 천에 아군이 주둔한 위치를 표시한 후, 포병 부대의 사격을 멈추고 지원군을 보내 달라는 내용을 썼다. 그리고 비둘기 다리에 매달아 날려 보냈다.

"탕!"

비둘기가 하늘 위로 날아오른 지 몇 분도 되지 않아 총소리가 들리더니 비둘기가 땅에 떨어졌다. 두 번째 비둘기를 날렸지만 마찬가지였다. 세 번째로 날려 보낸 비둘기의 이름은 셰어 아미(Cher Ami)였다. 셰어 아미가 떠오르자, 방금 전 그랬던 것처럼 독일군의 집중 사격이 시작되었다. 이에 놀란 비둘기는 땅으로 추락하는 듯 보였다. 하지만 셰어 아미는 곧바로 다시 날아올라 가까스로 독일군의 총격 세례를 피해 날아갔다.

셰어 아미는 쉬지 않고 40킬로미터를 날아 미군의 사단 본부에 도착했다.

"휘틀시 소령에게서 연락이 왔습니다!"

통신병이 비둘기를 살폈다. 그런데 자세히 보니 비둘기는 이미 가슴에 총을 맞아 피를 흘리고 있었고 다리 한쪽을 잃은 상태였다.

다행히 휘틀시 소령의 구조 요청 쪽지는 그대로 간직하고 있었다. 사단 본부가 휘틀시 소령의 요청대로 지원군을 파견한 덕분에 포위된 대대는 구조될 수 있었다.

전쟁이 끝난 뒤 셰어 아미는 귀환하는 병사들과 함께 미국으로 건너갔다. 미군은 전쟁에서 활약한 셰어 아미에게 훈장을 수여했다. 죽고 난 뒤에도 셰어 아미는 박제되어 워싱턴의 스미스소니언 박물관에 남게 되었다.

통신 수단이 크게 발달하지 못한 제1차 세계 대전 때는 긴급한

연락용으로 비둘기를 많이 사용했다. 이런 비둘기를 '전서구'라 불렀는데, 세어 아미 외에도 수많은 전서구가 전쟁터에서 활약했다. 이 전서구의 활약 덕분에 전투의 승패가 달라지기도 했다.

그렇다면 독일군은 이런 전서구의 활약을 보고만 있었을까?

"연합군의 비둘기를 잡아라!"

독일군은 연합군의 전서구를 제거하기 위해 기상천외한 방법을 동원했다. 첫 번째는 송골매를 훈련시켜서 다리에 편지를 묶고 날아가는 비둘기를 잡도록 하는 것이었다. 이 작전은 나름대로 성공적이어서 송골매가 등장한 이후 연합군의 전서구 상당수가 송골매의 먹이가 되었다.

두 번째는 '스파이 비둘기'였다. 독일군은 자신들이 키우고 훈련시킨 비둘기를 연합군 측의 전서구 사이에 몰래 섞어 놓았다. 이런 사실을 모른 채 연합군은 스파이 비둘기의 다리에 문서를 매달아 보냈다. 당연히 비둘기는 독일군 쪽으로 날아갔고, 덕분에 중요한 정보가 독일 쪽에 흘러 들어가기도 했다.

비둘기의 활약은 여기서 그치지 않았다. 나중에는 몸에 카메라를 부착한 비둘기가 등장하기도 했다. 이것은 독일인이 개발한 것으로, 타이머 기능이 있는 카메라를 비둘기 몸에 묶어 항공 사진을 찍는 것이었다. 비둘기는 한번 날아오르면 200장의 사진을 찍었다. 전쟁 초기에 독일군은 이 카메라 비둘기를 적극 활용했다. 어찌 보면 제1차 세계 대전은 비둘기가 활약한 특별한 전쟁이었다.

제1차 세계 대전이 시작되다

유럽은 19세기 후반부터 서로의 이익을 위해 매우 발 빠르고 복잡
하게 이합집산을 거듭했다. 그 중심에 독일이 있었다. 오스트리아,
프랑스와의 전쟁에서 연거푸 승리한 독일은 흩어졌던 독일을 하나
로 통일하고 프랑스를 고립시키기 위해서 오스트리아-헝가리와
이탈리아를 끌어들여 1882년 삼국 동맹을 맺었다. 그러더니 이어
3B 정책(베를린, 비잔티움, 바그다드를 잇는 철도 건설 사업)을 추진했다.

　물론 프랑스도 보고만 있지 않았다. 독일의 국력이 날로 강성해
지자 영국과 러시아를 끌어들여 1907년 삼국 협상을 맺었다. 또한
영국은 3C 정책(케이프타운, 카이로, 켈커타를 연결하여 식민지 지배권을

강화하려는 정책)을 계획했다. 삼국 동맹과 삼국 협상은 서로 충돌할 수밖에 없었고, 이로 인해 유럽은 다른 어느 때보다 긴장 상태에 놓였다. 그런가 하면 오스만 제국이 지배하던 발칸반도에서는 오스만 세력이 약해지자 여러 나라가 독립을 추진하고 있었다. 이때 슬라브 민족으로 구성된 국가들과 게르만 민족으로 구성된 국가들 사이에서 신경전이 아주 치열했다.

그러던 중 1914년 6월 28일, 오스트리아-헝가리 제국(오스트리아와 헝가리의 연합국이지만 한 명의 통치자가 다스렸다.)의 페르디난트 황태자 부부가 보스니아의 수도 사라예보를 방문했다가 암살당하는 사건이 벌어졌다. 범인은 세르비아계 보스니아인이었던 가브릴로 프린치프라는 청년이었다. 그는 범슬라브주의(슬라브 민족의 통일과 단합을 목적으로 하는 정치 운동) 비밀 결사 단체에 소속된 학생이었다.

사태는 매우 급박하게 돌아갔다. 오스트리아-헝가리는 세르비아 정부에 "오스트리아-헝가리 제국에 반대하는 모든 단체를 해산하고 암살 사건의 조사와 재판에 오스트리아-헝가리 관리가 참여하게 할 것" 등의 내용을 포함한 열 가지 요구 사항을 전달했다. 동시에 48시간 내에 적절한 답변을 보내지 않으면 전쟁을 일으키겠다는 엄포를 놓았고, 실제로 전 지역에서 군대를 모았다.

그런데 이때 러시아가 세르비아를 돕겠다고 나섰다. 이를 지켜보던 독일은 러시아에 제동을 걸었다. 결국 암살 사건이 일어난 지한 달 뒤인 7월 28일 오스트리아-헝가리는 세르비아에 선전 포고를 했다. 그러고는 다음 날 곧바로 세르비아의 수도 베오그라드를

공격했다. 이어 러시아가 다시 세르비아를 편들자, 8월 1일 독일이 러시아에 선전 포고를 하며 전쟁에 뛰어들었다. 이틀 뒤에는 프랑스가 독일을 공격했고, 조금 더 지켜보려던 영국이 8월 4일 독일에 선전 포고를 했다.

서부 전선에서 그리고 동부 전선에서

"서부 전선의 벨기에를 먼저 공격해야 합니다. 이는 프랑스를 공격하기 위한 선제 작전입니다. 그리고 빠르게 파리를 함락시켜 프랑스의 항복을 받은 다음, 서부 전선의 병력을 동부로 이동시켜 러시아를 상대하면 됩니다. 빠른 공격만이 승리의 지름길입니다."

독일의 슐리펜 장군의 작전에 따라 독일군은 대규모 병력을 서부 전선으로 보냈다. 예상과 달리 독일군은 벨기에를 통과하는 데 12일이나 걸렸다. 하지만 그 후부터는 무서운 속도로 행군해 파리로부터 65킬로미터 떨어진 마른강 유역까지 다다랐다. 이곳에서 독일군은 프랑스-영국 연합군의 협공을 받아 더 이상 진군할 수가 없었다.

더구나 러시아군이 생각보다 빠르게 남하하기 시작했기에 독일군은 진군을 멈추고 상당수의 병력을 동부 전선으로 이동시킬 수밖에 없었다. 파리 가까이 다가갔던 병력도 후퇴하지 않을 수 없었다. 서부 전선은 곧 교착 상태에 들어갔다.

"여기서 조금도 물러나선 안 된다!"

독일군과 프랑스-영국 연합군은 각자 단단히 결심을 하고 참호를 팠다. 금방 끝날 줄 알았던 전쟁이 장기전으로 돌입한 것이다. 양쪽의 군인들은 어느 한쪽이 포격을 시작하면 참호에 들어가 있다가 포격이 그치면 총을 쏘아 반격하는 식의 전투를 끊임없이 반복했다. 이듬해까지 무려 100만 명의 병사들이 죽거나 다쳤는데도 프랑스군이 진군한 거리는 고작 5킬로미터에 불과했다. 아군 참호와 적군 참호 사이에 시체만 높이 쌓여 갈 뿐이었다.

그러자 일부 병사들이 도망치거나 심지어 열차를 탈취해 파리로 돌아가기도 했다. "우리에게 평화를!"이라는 구호를 외치는 병사도 있었다. 결국 프랑스는 사령관을 바꾸고 병사들에게 보다 나은 의복과 잠자리를 약속해야 했다.

동부 전선은 전쟁 초기 독일군이 타넨베르크(지금의 폴란드 지역) 전투에서 대승을 거두었다. 2년 뒤 러시아군이 반격을 시도했지만 수많은 사상자만 내고 후퇴해야 했다. 1917년까지 거의 모든 전선에서 연합군은 승전 소식을 전해 오지 못했다. 곳곳에서 패했고, 러시아는 자국 내에서 혁명이 일어나 전선에서 이탈했다.

이런 상황에서 한 가지 희망적인 소식이 들려왔다. 미국의 참전이었다. 미국이 참전하게 된 결정적인 계기는 독일의 무제한 잠수함 작전이었다. 전쟁이 시작되자 독일은 영국으로 가는 물자를 전부 차단하기 위해 모든 선박에 포고문을 보냈다.

"영국으로 가는 배는 국적을 불문하고 격침할 것이다!"

이것은 영국을 고립시키기 위한 전략이었다. 그러나 독일 잠수함 유보트(U-Boat)는 연합국의 배는 물론 중립국의 배까지 표적으로 삼았고, 이는 중립국이던 미국을 자극했다. 당시 미국의 상선들은 군사 장비와 식량, 다양한 생필품을 팔아 막대한 이익을 올리고 있었는데, 유보트로 피해를 입게 된 것이다. 이때부터 미국 내에서 참전에 대한 의견이 분분했다. 그런데 때맞추어 독일 정부가 멕시코 주재 독일 대사에게 보낸 암호문을 영국이 가로채 해독했다.

"만약 미국이 참전할 경우, 멕시코는 독일 편을 들어 미국을 견제한다. 그 대가로 멕시코가 미국에 빼앗겼던 영토를 되찾도록 해 주겠다."

이 암호문은 미국을 분노하게 했다. 결국 미국은 1917년 4월 독

영국 런던의 템스강을 거슬러 올라가는 독일 해군 잠수함 유보트 U-155

일에 선전 포고를 하기로 결정했다. 덕분에 연합군의 사기는 올랐고, 독일은 긴장했다.

이제 독일군은 급박해졌다. 미국이 본격적으로 군대를 보내기 전에 전쟁을 끝내야 한다고 생각했기 때문이다. 독일군은 우선 영국군을 노렸다. 1918년 3월, 독일군은 서부 전선에서 버티고 있는 영국군에게 박격포는 물론이고 독가스까지 퍼부어 댔다. 이런 작전은 어느 정도 효과를 발휘해 독일군은 한때 영국군을 몰아붙이고 또다시 파리로부터 60킬로미터 지점에 이르렀다.

미군이 프랑스에 도착했을 때, 그들도 파리 함락을 막을 수는 없을 것처럼 보였다. 실제로 미군은 독일군에게 포위당하기도 했다.

하지만 전선이 길어지자 독일군에서 보급망이 허술해지고 병력도 보충되지 않았다. 이때를 기회 삼아 미군과 연합군은 총공세에 나섰고, 독일군은 후퇴하기 시작했다. 독일군은 점차 모든 전선에서 밀려났다.

1918년 9월에는 불가리아가 항복했고, 같은 해 11월 3일에는 오스트리아가 손을 들었다. 그런데 그즈음 독일의 해군 일부가 출항을 거부한 채 반란을 일으키고 독일 황제 빌헬름 2세가 네덜란드로 망명했다. 독일군은 더 이상 전쟁을 치를 수가 없었다. 결국 11월 11일 독일군은 연합군에게 손을 들었다. 전사자만 무려 900만 명이 넘은 이 참혹한 전쟁은 그렇게 막을 내렸다.

참호 속 또 다른 전쟁

전쟁 초반 독일군이 영국군의 반격으로 마른강에서 엔강까지 후퇴했을 때, 독일군은 더 이상 물러날 수 없다는 판단에 따라 방어 진지를 구축했다. 하는 수 없이 영국군도 땅을 파고 몸을 숨겼다. 결국 북해에서 스위스 국경까지 약 760킬로미터에 이르는 참호선이 구축되었다. 지루한 참호전이 시작된 것이다.

참호전은 단순했다. 땅을 파고 숨어 있다가 공격 명령이 떨어지면 적진을 향해 돌격했다. 물론 참호에서 나오는 순간 적진의 기관총이 불을 뿜었고, 아군 참호와 적군 참호 사이의 철조망을 채 통과하기도 전에 병사들은 낙엽처럼 쓰러져 갔다.

하지만 적은 철조망 건너편에만 있는 게 아니었다. 참호 자체가 병사들의 목숨을 위협하는 또 하나의 적이었다. 비만 오면 참호에는 물이 고였다. 진흙탕으로 흥건해서 며칠 동안 발목, 심하면 허벅지까지 물에 빠진 채로 견뎌야 했다. 대부분의 병사는 '참호족'에 걸렸다. 참호족은 차가운 물속에 오랫동안 발을 담그고 있을 때 생기는 병이다. 몇 시간 혹은 며칠씩 비에 젖은 양말과 군화를 갈아 신지 못한 채로 지내다 보면, 발의 감각이 무뎌지고 발진이 심해지면서 마비 증상이 왔다. 여기에 부상이라도 당한 채로 있으면 환부가 썩어 들어갔고, 심하면 발목을 잘라 내야 했다.

참호 안의 생활은 매우 비위생적이어서 병사들의 옷 속에는 항상 이가 있었다. 당시 보온용 의류로 배급된 두꺼운 트렌치 코트는

이가 살기에 좋았고, 병사들은 수시로 몸을 긁어야 했다. 이는 이 사람에게서 저 사람에게로 옮겨 다니며 질병을 전염시켰다. 병사들은 볕이 좋은 날이면 옷을 벗어 이를 잡았다. 대부분은 손으로 잡아 떼어 냈지만, 때로 촛불을 켜고 이를 태워 죽이다가 옷을 태워 먹기도 했다. 당시 병사가 앓은 질병의 15퍼센트가 이를 통해 전염되었다.

쥐는 더 무서웠다. 쥐는 주로 시체를 뜯어 먹고 살았는데, 특히 눈과 간을 좋아했다. 병사들은 옆에 쌓여 있던 시체의 눈에서 쥐가 기어 나오는 것을 보고 기겁하곤 했다. 쥐들은 시체 아래에 굴을 파

놓고 살았고 그 덕분에 통통하게 살이 올랐다.

병사들은 수시로 참호 바깥으로 나가고 싶었다. 하지만 고개만 들면 적군의 저격수가 병사들의 머리를 쏘았다. 그래서 죽으나 사나 참호 안에서 버텨야 했다. 이런 혹독한 상황 탓에 정신에 이상이 생겨 미쳐 버리는 병사들도 적지 않았다.

기나긴 참호전이 끝났을 때, 남은 것은 수많은 시체와 트렌치 코트뿐이었다.

같이 볼까?

1917 샘 멘데스 감독, 2019

제1차 세계 대전을 다루었으나, 포탄이 터지고 총탄이 날아다니는 여느 전쟁 영화와는 조금 다르다. 영화는 특별한 임무를 맡은 두 주인공의 여정을 그리면서 전개된다. 제1차 세계 대전 당시 연합군이 팠던 참호의 모습이 그대로 재연되어 전쟁 당시의 상황을 잘 이해할 수 있다.

디즈니 캐릭터를 그리던 독재자

- 히틀러와 나치즘의 탄생

화가가 될 뻔한 독재자

2017년 2월, 유럽의 한 경매장에서 아주 오래된 것으로 보이는 월트 디즈니 캐릭터 그림이 몇 점 출품되었다. 치열한 경쟁 끝에 이 그림들은 40만 유로(약 5억 원)에 낙찰되었다. 과연 이 그림을 그린 사람은 누구일까? 그림의 왼쪽 하단에는 'A. H.'라는 알파벳 이니셜이 적혀 있었다. 이 이름의 주인은 뜻밖에도 제2차 세계 대전을 일으키고 수많은 유대인을 죽음으로 몰아넣은 아돌프 히틀러였다.

섬뜩한 전쟁광으로 알려진 아돌프 히틀러는 공부에는 재능이 없었지만 그림에는 어느 정도 소질이 있었다. 어릴 때의 꿈도 멋진 화가가 되는 것이었다. 그래서 그는 자신이 태어난 오스트리아의 가장 유명한 미술 학교인 빈 국립 미술 아카데미에 진학하기 위해 자신의 그림을 학교로 보냈다. 하지만 결과는 낙방이었다. 아무도

그의 그림에 주목하지 않았다.

히틀러는 이에 굴하지 않고 다시 한번 빈 아카데미에 지원했지만, 결과는 마찬가지였다. 화가 난 히틀러가 빈 아카데미에 찾아가 항의해 보았지만, 그런다고 해서 입학을 시켜 줄 리는 없었다.

"당신의 그림은 우리 학교가 추구하는 이상과는 매우 다릅니다. 당신은 우리 학교보다는 건축 학교에 훨씬 잘 맞을 것 같군요."

빈 아카데미의 교수는 이런 말로 히틀러를 설득했다. 실제로 히틀러가 그린 것은 대부분 건물 그림이었다.

하는 수 없이 히틀러는 자신에게 맞는 건축 학교를 찾기 시작했다. 그러다 자신이 그린 그림과 흡사한 건물들이 즐비한 곳을 찾아

냈다. 다름 아닌 독일이었다. 문득 히틀러는 독일이 자신의 꿈을 실현시켜 줄지 모른다는 생각에 사로잡혔다. 결국 히틀러는 부모에게 물려받은 재산을 들고 무작정 독일의 뮌헨으로 향했다.

그런데 히틀러는 그림보다는 '독일'이라는 나라 자체에 매료되고 말았다. 심지어 그는 오스트리아에서 태어났으면서도 자신을 독일인이라고 생각하기 시작했다. 그러면서 독일의 민족주의와 우월주의에 빠져 독일이야말로 최고의 나라라고 생각했다.

'세상에서 가장 존경할 만한 나라는 독일이야. 독일의 아름다운 문화를 전 유럽에 퍼뜨리면 좋겠어!'

심지어 히틀러는 카페에서 책을 읽다가도 손님들에게까지 독일의 위대함을 역설하는 등 '독일 숭배'에 가까운 모습을 보였다. 물론 이때까지만 해도 대다수 사람들은 그의 말에 귀를 기울이지 않았다.

그러던 중 1914년에 제1차 세계 대전이 벌어졌다. 독일을 흠모하던 히틀러는 당연한 듯 전쟁에 뛰어들었다. 그의 생각은 단순했다.

'전쟁을 해서라도 다른 나라들까지 독일처럼 만들 수 있다면 오히려 그 나라 사람들에게도 큰 행운일 거야!'

그래서 히틀러는 많은 사람들이 전쟁을 지지하지 않는 게 오히려 이상하다고 생각했다. 그는 전쟁터에서 열심히 싸웠고, 그 덕분에 무공 훈장을 두 번이나 받았다. 그러면서 독일 군대의 철저한 규율과 조직 생활 등을 자신의 신조처럼 받아들였다.

전쟁이 끝난 뒤에도 히틀러는 군대에 남아 '독일 숭배'를 계속해 나갔고, 전쟁이 독일의 패전으로 끝난 뒤에도 독일에 대한 믿음을 거두지 않았다. 결국 히틀러는 독일노동자당(훗날의 국가사회주의 독일노동자당, 즉 나치스)에 들어가 본격적으로 정치인의 길을 걷기 시작했다. 만약 히틀러가 그림을 그리는 재능이 조금 더 뛰어나서 빈 아카데미에 들어갔더라면, 제2차 세계 대전은 안 일어났을까?

연설의 달인 히틀러, 전쟁을 시작하다

제1차 세계 대전이 끝나고 독일은 절망에 휩싸였다. 베르사유 조약(제1차 세계 대전 후 독일과 31개 연합국이 맺은 조약)으로 해마다 천문학적인 배상금을 세계 여러 나라에 지불해야 했고, 해외에 건설했던 식민지를 잃었으며, 전쟁 직전 영토의 10퍼센트 이상을 빼앗겼기 때문이다.

더구나 10년 뒤 미국에서 시작된 경제 공황이 유럽에까지 휩몰아치자, 독일은 그야말로 더 이상 살아날 가망이 없어 보였다. 돈을 빌려준 미국 은행들이 독일에 돈을 갚으라고 재촉했고, 공황의 여파로 물가는 하늘 높은 줄 모르고 치솟았다. 공장이 문을 닫으면서 일자리가 줄었고, 국민들은 길거리에 나앉기 시작했다. 그들에게는 아무런 희망이 보이지 않았다.

하지만 히틀러와 나치스는 이런 상황을 도리어 기회로 삼았다.

"우리에게 표를 주십시오. 우리가 권력을 잡으면 이 무능한 정부를 대신해 부강한 나라로 바꾸어 놓겠습니다. 국민들의 큰 짐이 되고 있는 베르사유 조약도 폐기할 것입니다. 나치스를 믿어 주십시오."

히틀러와 나치스 당원들은 이렇게 외치고 다니며 절망의 늪에 빠져 있던 국민들의 마음을 사로잡기 시작했다. 특히 히틀러의 연설은 군중들을 묘하게 사로잡았다.

1930년 치러진 선거에서 나치스의 의석수는 107석이 되었다. 2년 전 불과 12석에 지나지 않았던 것에 비하면 크나큰 발전이었다. 불황에 힘들어하던 가난한 사람들과 사회주의가 퍼질까 두려워하던 사람들이 나치스를 지지했다. 그로부터 다시 2년 뒤에는 나치스의 의

석수가 230석으로 늘어났다. 실제로 "독재라도 좋으니 안정과 질서가 유지되기를 바란다."라는 사람도 상당수 있었다.

결국 히틀러는 1933년 수상의 자리에 올랐고, 곧바로 수상이 의회의 동의 없이도 법을 제정할 수 있는 '수권법'을 통과시켰다. 사람들은 그를 '총통'이라고 불렀다. 이때부터 독일에서는 히틀러를 중심으로 한 나치스의 일당 독재가 시작되었다. 그리고 얼마 지나지 않아 힌덴부르크가 세상을 떠나자 대통령의 권한까지 거머쥐었다.

나치스는 지방 의회를 해산시키고 히틀러가 임명한 지방 장관에게 행정을 맡겼다. 이후 국가 기관은 물론 신문과 잡지, 하물며 학교에서도 히틀러를 찬양하기 시작했다. 선생님들은 "우리 민족을 하나로 뭉치게 한 히틀러 총통에게 충성하자!"라고 가르쳤고, 인사도 "하일, 히틀러!(히틀러 만세!)"로 바꾸었다. 나치스는 자신들의 정책에 반기를 드는 언론을 탄압하며 게슈타포(나치스 정권의 비밀 경찰)를 동원해 히틀러를 비판하는 사람들을 잡아들였다.

무엇보다 히틀러는 무기 공장을 세우고, 베르사유 조약으로 사라졌던 징병제를 다시 도입해 군사력을 키우기 시작했다. 그리고 독일의 군비 확장을 제한하려고 하는 국제 연맹에서 탈퇴했다. 이처럼 독일은 점차 군사력을 키워 가고 있었지만, 주변의 나라들은 이런 독일을 저지할 만한 대비를 전혀 하고 있지 않았다. 전 세계를 휩쓸고 있는 경제 공황과 어려운 국내 사정 때문에 독일의 위험한 변화를 그저 불구경하듯 지켜보기만 했다. 심지어 독일이 비무장 지대로 선포되어 있던 라인란트(독일 중서부 라인강 연안 지역으로, 제1차 세계 대전 후 비무장 지대가 되었다.)를 무력으로 점령했지만, 누구도 제지하지 못했다. 하지만 이것은 시작에 불과했다.

"우리 독일인은 하나가 되어야 합니다. 흩어진 조국을 하나로 만들어야 합니다."

히틀러는 이런 명분을 내세웠고, 1938년 '독일어를 쓰는 모든 나라는 하나'라는 이유로 오스트리아를 강제로 합병했다. 같은 해에 체코슬로바키아 수데텐 지역의 양도를 요구하기도 했다. 이 지역에 독일인이 많이 살기 때문에 그들을 구한다는 핑계였다. 영국과 프랑스가 강력하게 반대했지만, 결국 더 이상 새로운 영토를 침략하지 않는다는 약속을 받고 수데텐의 합병을 승인하고 말았다. 하지만 독일은 약속을 지키지 않았고 이듬해 체코슬로바키아를 완전히 합병했다. 그리고 나아가 소련과 불가침 조약을 맺었다. 이를테면 독일이 다른 나라와 전쟁을 하게 될 경우 소련은 참전하지 않는다는 내용이었는데, 이로써 독일은 전쟁 준비를 완전히 끝낸 셈이었다.

1939년 8월 31일, 독일은 폴란드에 최후 통첩을 내리고 바로 다음 날 폴란드를 침공했다. 독일의 폭격기가 폴란드의 수도 바르샤바에 폭탄을 퍼부어 폴란드는 한 달이 채 되지 않아 독일군에게 항복하고 말았다. 이것이 제2차 세계 대전의 시작이었다.

암호를 풀어야 이긴다

– 제2차 세계 대전

독일군의 암호를 해독하라!

제2차 세계 대전 당시 연합군이 확실하게 승기를 잡은 계기는 노르망디 상륙 작전의 성공이었다. 이후 연합군은 대부분의 전투에서 승승장구하며 전쟁을 승리로 이끌었다. 그런데 작전 장소가 왜 하필 노르망디 해변이었을까?

당시 독일군은 이미 연합군의 상륙 작전을 예상하고 있었다. 다만 그들은 모든 정보를 수집해 본 결과 연합군이 노르망디가 아니라 칼레(프랑스 북부, 도버 해협에 면한 도시)로 상륙할 것이라고 굳게 믿었다. 이에 따라 독일군 사령부는 해안을 경계하는 모든 독일군 부대에 통신을 보냈다.

"연합군의 상륙이 임박했다. 칼레 해변으로 군부대를 이동시킬 것!"

에니그마

이게 바로 독일군이 귀신도 못 뚫는다고 믿었던 에니그마로구나.

맞아. 독일군은 에니그마 덕을 톡톡히 보았어. 연합군이 에니그마 암호를 해독하지 못했으니까.

물론 이 통신은 암호로 전달되었다. 당시 독일군은 '에니그마 (Enigma)'라는 기계를 사용해 통신의 내용을 암호화했다. 그리고 에니그마의 암호는 누구도 해독할 수 없다고 자신하고 있었다. 에니그마는 앞쪽은 타자기 문자판과 비슷하고, 뒤쪽은 알파벳이 새겨진 원판으로 이루어진, 비교적 평범해 보이는 기계였다. 그러나 앞쪽의 자판을 누르면 뒤쪽 원판이 회전하면서 전혀 다른 문자를 찍어 냈다. 이를테면 자판에서 K를 누른다고 해도 원판이 돌아가면서 K가 아닌 다른 문자가 찍혀 나왔다.

또, 자판을 누르기 전에 설정하는 값에 따라 최종적으로 찍혀 나오는 암호 문자는 매일 달라졌다. 독일군은 이 설정값을 매일 바꾸었기 때문에 연합군은 암호를 해독하는 일에 애를 먹었다. 심지어 연합군은 독일군의 에니그마를 직접 입수해서 분석해 보고 그 작동 원리는 알았지만, 매일 바뀌는 설정값 때문에 온전하게 암호를 해독하는 데는 실패했다.

하지만 천재 수학자 앨런 튜링이 나타난 뒤 사정이 달라졌다. 앨런 튜링은 에니그마가 암호 문자를 만들어 내는 과정을 추적할 수 있는 기계인 콜로서스(Colossus)를 만들었다. 세계 최초의 연산 컴퓨터이기도 한 콜로서스는 연산이 매우 빨라서 1초에 5천 단어를 조사할 수 있었다. 앨런 튜링은 이미 해독된 암호를 콜로서스에 입력해 놓고, 거기에 해독되지 않은 암호를 넣어 비교하는 방식으로 독일군의 통신문을 해독해 냈다. 독일군의 암호 하나를 해독해 낼 때마다 콜로서스의 정확성은 더 나아졌다. 어느새 튜링은 독일군의 에니그마가 만든 암호를 독일군보다 빨리 해독해 냈다. 그야말로 최초의 해커나 다름없었다.

독일군이 각 부대에 보낸 암호를 해독하면서 연합군은 칼레가 아닌 노르망디로 작전 지역을 바꾸었다. 물론 노르망디 해변에서도 독일군 저항이 만만치 않았지만, 이미 주력 부대가 빠져나간 독일군은 연합군의 상륙 작전을 막을 수가 없었다.

독일, 유럽을 넘어 소련까지 넘보다

1939년 9월 1일 새벽, 독일군이 폴란드를 침공하면서 제2차 세계 대전이 발발했다. 독일은 먼저 공군을 보내 폭격을 가한 뒤, 지상군을 보내 수도 바르샤바로 진입했다. 폴란드군은 저격수를 동원해 독일군 지휘관을 사살하는 등 나름대로 애를 썼지만 탱크를 앞세운 독일군을 막아 낼 수 없었다. 게다가 17일에는 소련군까지 폴란드를 침략했기 때문에 전쟁이 시작되고 한 달도 채 되지 않아 바르샤바는 독일군과 소련군에 의해 분할 점령되고 말았다. 이런 와중에 소련군이 핀란드를 공격했고, 이에 연합국은 소련을 국제 연맹에서 제명했다.

이듬해 4월이 되자 독일군의 총구는 북유럽을 향했다. 무기 생산에 필요한 철광석과 자원을 확보하기 위해서였다. 네덜란드는 고작 5일, 벨기에는 2주 만에 맥없이 무너졌다. 이후 독일군은 프랑스로 향했다. 그러나 프랑스가 마지노선(프랑스가 독일 국경 가까이에 만든 최후의 방어선)을 견고하게 구축하여 방어하고 있었던 탓에 독일군은 한동안 전진하지 못했다. 프랑스도 마지노선이 자신들을 독일군에게서 안전하게 지켜 줄 것이라 믿었다.

그러나 독일군은 프랑스 북부 아르덴 고지(프랑스 동북부에서 벨기에, 룩셈부르크에 걸친 고원)를 주목했다. 독일군의 정보에 따르면 이곳은 울창한 숲이었고, 마지노선 중에서 가장 취약하여 프랑스군 병력도 가장 적었다. 독일군은 전차를 앞세워 이곳을 돌파했다.

이후부터 독일군은 파죽지세였다. 프랑스군은 후퇴를 거듭했고, 6월 14일에는 파리가 독일군의 손에 넘어갔다. 이때는 이미 프랑스 영토 절반 이상이 독일군 수중에 떨어진 뒤였다. 하는 수 없이 프랑스는 독일과 서둘러 휴전 협정을 맺었다.

마지노선

휴전 협상을 벌인 프랑스의 페탱 장군은 파리 남쪽에 있는 도시 비시를 새 수도로 삼아 비시 정부를 세우고 독일에 협력했다. 이로써 프랑스는 독일이 점령한 북부 그리고 남부의 비시 정부로 나뉘게 되었다. 반면, 육군 차관 샤를 드골은 영국으로 망명해 프랑스의 저항을 선언했다. 드골은 영국의 BBC 방송에 나가 거듭 프랑스 쪽으로 메시지를 보내면서 레지스탕스(제2차 세계 대전 당시 독일과 이탈리아의 파시즘에 대항한 저항 운동)를 독려하고 독일과 투쟁할 것을 주장했다.

그러거나 말거나, 프랑스를 한 손에 쥐게 된 독일은 이번에는 영국을 노렸다. 독일군은 가장 먼저 루프트바페(제2차 세계 대전 당시 독일의 공중전 담당 부대로, 보통 독일 공군을 이르는 말)를 동원해 영국의 주요 항구와 선박, 비행 시설과 산업 시설을 차례로 폭격했다. 이는 영국과의 전쟁, 특히 공중전에서 우위를 점하고 영국이 휴전을 제안해 오도록 압박하기 위해서였다.

그러나 영국 공군은 독일이 생각한 것보다 강했다. 영국은 성능 좋은 비행기와 뛰어난 조종사를 내보내 독일군 비행기를 격추하기 시작했다. 1940년 9월 15일부터 약 일주일 동안 독일군 비행기 250대 이상을 격추시켰다. 독일은 낮에는 전투를 피하고 야간에만 공세를 벌이며 영국을 견제하는 한편, 유보트를 동원해 영국으로 가는 물자를 최대한 차단했다.

전쟁은 잠시 교착 상태로 빠져드는 듯했지만, 이듬해 6월 독일군이 소련을 침공하면서 다시 거세게 불붙었다. 독일은 소련이 일본과 중립 조약을 맺은 것이나, 그 뒤로 군사들을 유럽 쪽으로 배치하고 있는 것이 마땅치 않았다. 또 전쟁을 계속하려면 무엇보다 충분한 식량과 자금이 필요한데, 이를 위해 우크라이나의 곡창 지대나 캅카스 지방의 유전을 확보하고자 했다. 히틀러는 전투 지역이 확대되고 전쟁이 길어지자 물자 확보의 필요성을 절실히 느꼈다. 그 때문에라도 소련을 손에 넣을 필요가 있었다. 한때는 두 나라가 불가침 조약을 맺기도 했지만, 이제 독일에게 선택의 여지는

나치스는 '유전병 자손 방지법'을 만들어 30만 명이 넘는 장애인과 약물 중독자 등을 자식을 낳지 못하게 만들어 버렸다. 특히 유대인과 집시를 대상으로 했고, 심지어 장애인을 안락사시키기도 했다.

한편에서는 순수한 독일인 혈통을 많이 퍼뜨리기 위해 인종실험실을 운영했다. 여성들에게는 독일 병사들과 강제로 동침하게 했다.

나치스 정부는 마약성 약물을 병사들에게 나누어 주었다. 병사들이 90킬로미터나 되는 거리를 쉬지 않고 행군하도록 하기 위해서였다.

나치스는 위조 지폐도 대량으로 생산했다. 한때 영국 국고의 네 배가 넘는 돈을 찍기도 했는데, 이는 영국 경제를 혼란에 빠뜨리기 위해서였다. 하지만 이 작전은 성공하지 못했다.

없었다.

독일군은 거침없이 국경선을 넘어 소련 땅을 짓밟았다. 갑작스러운 공격에 소련군이 제대로 방어하지 못하자 독일군은 파죽지세로 치고 들어갔다. 특히 스몰렌스크(러시아 서부, 드네프르강 상류에 있는 도시) 전투에서 소련의 세 정예 부대를 완전히 포위하고 수십만 명의 포로를 잡을 수 있었다.

그러나 소련군의 방어도 만만치는 않았다. 특히 소련의 지도자 스탈린이 "무슨 일이 있어도 스탈린그라드(러시아 볼가강 하류에 있는 도시)만은 지켜야 한다."라고 명령을 내린 터라 소련군은 스탈린그라드에 상당한 병력을 집결시키고 끈질기게 저항했다.

독일군은 스탈린그라드를 점령하기 위해 33만 명의 병력을 동원하고 600대의 폭격기로 도시 전체를 쑥대밭으로 만들었다. 민간인 사상자만 4만 명이 넘었다. 스탈린그라드는 곧 점령될 것처럼 보였다. 하지만 시가전이 길어지자 독일군의 허점이 드러났다.

거리에서 전투를 벌이는 시가전에서 독일군의 전차 부대는 소련군의 기관총 부대에 효과적으로 대응하지 못했다. 전투가 길어지면서 연료와 식량도 바닥나기 시작했다. 겨울이 닥치자 독일군은 소련의 매서운 추위까지 견뎌야 했다. 소련군은 계속해서 공격하는 한편, 독일군의 보급로를 차단해 버렸다. 1943년 2월, 독일은 항복할 수밖에 없었다. 이때 포로로 붙잡힌 독일군이 9만 명이 넘고 전사자도 22만 명이나 되었다. 소련군도 47만 명이 전사했다. 양측 모두 큰 타격을 입은 전쟁이었다. 이후로 독일군은 비록 소소한 전투에서 승리하기도 했지만, 대체로 소련군에게 밀리며 꾸준히 후퇴해야 했다.

독일이 항복하기까지

1943년 봄, 연합군은 아프리카를 침공한 독일군을 차례로 물리쳤다. 9월이 되자 독일과 손을 잡고 전쟁에 나섰던 이탈리아가 무조건 항복을 선언했다. 11월에는 연합군의 거듭된 반격으로 유보트의 손실이 커져서 독일군은 더 이상 대서양에서 작전을 수행할 수가 없게 되었다.

마침내 1944년 6월 6일, 연합군은 노르망디 상륙 작전에 성공했고, 곧바로 파리를 되찾기 위해 나섰다. 남쪽에서는 패튼 장군이 이끄는 전차 부대가 파리를 향해 진군했다. 이때 드골 장군이 이끄는 자유프랑스군도 연합군과 함께 파리를 향해 달려갔다. 곧이어 아이젠하워가 이끄는 미군이 파리를 포위했다. 그리고 8월 24일 마침내 파리를 되찾았다. 영국으로 망명했던 드골은 파리를 되찾은 기쁨을 만끽하기 위해 노트르담 대성당에서 미사를 드렸다.

연합군은 곧 독일로 향했다. 물론 독일군은 쉽게 물러나지 않았다. 독일은 벌지 작전으로 대반격에 나섰다. 벌지 작전은 독일군이 "라인강을 수호하라!"라는 작전명으로 펼친 전투에 미군이 붙인 이름이다.

1944년 12월, 독일군은 연합군을 피해 벨기에의 아르덴 숲에 상당수의 병력을 숨겨 놓았다가 독일로 향하는 연합군을 기습적으로 공격했다. 독일은 전차와 장갑차 부대로 단번에 이 지역을 통과하고 서부 전선까지 나아가 연합군을 포위할 생각이었다. 그러나 아이젠하워 장군이 공중 폭격으로 독일군을 물리치고 고립된 미군을 구해 냈다. 이후 연합군은 후퇴하는 독일군의 무선을 가로채 효과적으로 반격에 나섰다. 사실상 벌지 작전이 독일군의 마지막 전투였다.

이때 마음이 급해진 히틀러는 "독일 남자는 16세부터 60세까지 모두 군대로 동원하라!"라는 명령을 내렸다. 하지만 히틀러의 발악에도 불구하고 연합군은 3월이 되자 라인강을 건넜고, 4월에는 엘베강에 이르렀다. 그동안 소련군도 동부에서 독일로 향하고 있었다. 소련군은 폴란드에서 저항하는 독일군을 물리치고 곧바로 독일의 국경선에까지 다다랐다.

연합군과 소련군은 4월 25일 엘베강 상류에서 만났다. 이런 상황에서도 히틀러는 "베를린이 함락되어도 싸워야 한다."라며 고집을 부렸다. 하지만 5월 1일 함부르크 방송은 히틀러가 사망했다고 발표했다. 거의 비슷한 때에 각 전선의 독일군 지휘자들도 항복해 왔다. 5월 7일에는 요들 장군이 아이젠하워 장군에게 항복 문서를 전달했다.

하지만 전쟁이 완전히 끝난 것은 아니었다. 미국의 진주만을 공습해 제2차 세계 대전에 뛰어든 일본이 여전히 동남아시아 일대에서 저항을 계속하고 있었기 때문이다. 연합국은 1945년 7월 포츠담 선언을 통해 일본에 '무조건 항복'을 권유했지만 일본은 거절했다. 오히려 '가미카제'라는 이름의 자살 특공대를 미국 항공 모함에 돌진시키며 저항했다. 결국 미국은 일본의 히로시마(8월 6일)와 나가사키(8월 9일)에 원자 폭탄을 떨어뜨렸다. 원자 폭탄의 위력에 놀란 일본은 8월 15일 마침내 항복을 선언했고, 비로소 전쟁은 끝이 났다.

같이 볼까?

이미테이션 게임 모튼 틸덤 감독, 2014

앨런 튜링이라는 실존 인물의 이야기를 다룬다. 전쟁터의 이면에서 암호 해독에 전력을 다하는 앨런 튜링의 모습을 매우 섬세하게 그려 낸 영화로, 전쟁 장면이 없는 전쟁 영화라고 불린다. 독일의 암호 생성 기계인 애니그마와 앨런 튜링이 만든 해독 기계 콜러서스의 모습을 볼 수 있다.

인민의 곡식을 훔치는 참새를 잡아라!
- 중국의 공산화와 대장정

참새를 잡았다가 다시 데려왔다가

1958년 어느 날, 중화인민공화국을 세운 마오쩌둥은 쓰촨성의 한 농촌 마을을 방문하고 있었다. 그런데 이때 참새들이 막 여물기 시작한 곡식의 낟알을 쪼아 먹는 모습을 목격했다. 마오쩌둥은 잔뜩 인상을 찌푸리며 관리들에게 이렇게 말했다.

"저 새는 우리 인민들에게 해로운 새가 틀림없다!"

이 한마디가 중국의 국민들을 어른 아이 할 것 없이 참새잡이에 나서게 만들었다.

이즈음 마오쩌둥은 급격한 경제 성장 계획인 '대약진 운동'을 벌이고 있었다. 농업과 공업을 빠르게 발전시켜서 "15년 안에 영국을 뛰어넘고 미국까지 따라잡는다!"라는 목표로 전 국민을 몰아붙였다. 그런데 참새 떼가 날아다니면서 곡식을 쪼아 먹는 모습을 보고

참새가 경제 발전에 방해가 된다고 생각한 것이다.

중국 과학원이 즉시 조사를 실시하여 그 결과를 발표했다.

"참새들이 1년간 먹는 곡식은 중국 인민 천만 명이 먹을 수 있는 양입니다."

이 보고를 받은 중국 정부는 국민들에게 기막힌 명령을 내렸다.

"모든 인민은 들판으로 나가 참새를 잡아라!"

명령에 따라 농촌은 물론이고 도시의 사람들까지 들판으로 달려 나갔다. 이들은 참새들이 농작물에 내려앉지 못하도록 나무 작대기나 천 조각을 휘둘렀다. 그것마저 없는 사람들은 북을 두드리거나 세숫대야를 들고 나와 두드렸다. 함성을 지르며 참새를 쫓는 사람도 많았다. 심지어 독극물을 사용하기도 했다.

이처럼 대대적인 참새잡이의 결과는 어땠을까? 일단은 성공적으로 보였다. 참새는 15분 안팎 정도밖에 날 수 없기 때문에 상당수의 참새들이 기진맥진하여 여기저기 떨어졌다. 사람들은 떨어진 참새들을 주워 가마니에 넣었다. 나중에는 참새 둥지까지 찾아다니며 참새를 잡았다. 그런 방법으로 잡은 참새가 한 해에 2억 마리가 넘었다. 어떤 마을에서는 산처럼 쌓인 참새 시체를 둘러싸고 축제를 벌이기도 했다.

그러나 2년 뒤, 중국 사람들은 뜻밖의 결과를 맞닥뜨렸다. 곡식을 쪼아 먹는 참새를 모두 잡으면 농업 생산량이 늘고 더 많은 사람들이 풍족하게 먹을 수 있을 것 같았지만, 결과는 정반대였다. 무려 4천만 명이 넘는 사람들이 굶주림에 시달리며 죽어 갔다.

이유는 간단했다. 천적이 없어진 들판에는 메뚜기를 비롯해 해충이 이전보다 수십 배나 늘어났고, 이들은 참새보다 훨씬 더 많은 양의 곡식을 먹어 치우며 들판을 병들게 했다. 당연히 수확량이 이전보다 몇 배는 줄어 수많은 사람이 굶주리게 된 것이다. 어떤 마을은 아예 송두리째 폐허가 되어 버렸다.

중국 정부는 크나큰 충격에 빠졌다.

"방법이 따로 없습니다. 참새를 다시 데려와야 합니다."

"이미 죽은 참새를 어떻게 하라고요?"

"다른 곳에서 사 오기라도 해야지요!"

결국 중국 정부는 이번에는 참새를 다시 데려오느라고 법석을 떨었다. 러시아 연해주를 비롯해 캐나다에서 참새를 수입하기로 했다. 열차로, 배와 트럭으로 수백만 마리의 참새가 중국으로 수입

참새잡이 말고 실패한 사업은 또 있었다. 마오쩌둥은 유럽과 미국이 강성한 이유가 '철' 때문이라고 생각했다. 철이 모든 산업의 씨앗이라고 여겼기 때문이다.

마오쩌둥은 철 생산에 박차를 가하라고 명령했다. 하지만 이때까지만 해도 중국은 제철소를 지을 능력이 없었다. 그래서 마을마다 '토법고로'라는 작은 용광로를 만들라고 지시했다. 토법고로는 전국적으로 약 100만 개가 만들어졌다.

하지만 토법고로에서 생산된 철은 불순물이 많이 섞여 있어 아무런 쓸모가 없었다. 정부 관리들의 독촉에 시달리다 보니, 집에서 쓰는 숟가락이며 밥그릇, 녹슨 쇠까지 다 집어넣어 녹였기 때문이다.

그럼에도 정부는 더욱 많은 생산량을 요구했다. 그러자 이번에는 사람들이 농기구와 농기계까지 집어넣어 버렸다. 더 많은 농기구를 만들고자 철을 생산하려 한 것인데 농기구까지 녹여 버리는 아이러니한 일이 벌어진 것이다.

문제는 또 있었다. 토법고로의 연료로 주로 나무를 썼는데, 계속 불을 때려다 보니 어떤 마을에서는 아예 산의 나무를 몽땅 베어 버리는 일까지 벌어졌다.

산이 헐벗게 되자 폭우가 쏟아지면 마을에는 홍수가 나기 일쑤였고, 심지어 산사태가 일어나거나 토법고로가 홍수에 떠내려가기도 했다.

되어 왔다. 참새들이 돌아오고 나서야 들판은 평화를 되찾았다.

이런 어처구니없는 사건은 다른 여러 나라의 비웃음을 샀고, 많은 책에 '잘못된 정책'의 예로 실리게 되었다.

1만 2,500킬로미터의 대장정

1912년 봄, 중화민국의 임시 대총통이 된 위안스카이는 이듬해 가을 정식으로 초대 총통의 자리에 올랐다. 위안스카이는 국민당을 해산시키고 대총통 선거법을 개정하여 독재 체제의 발판을 마련했다. 하지만 그의 속마음은 다른 데에 있었다.

'나는 총통이 아니라 황제가 되고 싶어!'

위안스카이는 이런 속마음을 노골적으로 드러내더니 측근들을 부추겨 자신을 위한 황제 추대 운동을 하게 했고, 1916년이 되자 마침내 스스로를 황제라 칭했다. 곳곳에서 봉기가 일어나는 등 반발이 심해지자 군주제는 취소했지만, 문제가 완전히 사라진 건 아니었다. 이곳저곳에서 군인들이 일어나 서로 내전을 벌였고, 그사이 제1차 세계 대전이 터지는 바람에 국민의 경제 활동이 크게 위축되었다. 이즈음, 지식인 중 한 사람인 천두슈가 《신청년》이라는 잡지를 창간했다.

"우리는 자주적이어야지 노예처럼 살아서는 안 된다. 진보적이며 진취적이어야 하고, 쇄국을 지양하고 세계로 나아가야 한다. 허식을 버리고 실리를 추구하며, 상상에 빠지지 않고 과학적이어야 한다."

1915년 9월에 만들어진 이 잡지는 이러한 주장을 내세우고 공자와 유교 사상을 비판하면서 세상의 다양한 소식을 전했다. 특히 마르크스주의를 상세히 소개하고 공산주의 러시아에 대한 연구도 자주 다루었다. 이런 글들은 자본가는 물론이고 중국을 혼란에 빠뜨리고 있는 군벌(군사력으로 정치 권력을 잡은 군인 집단), 아편 전쟁 이후로 중국에 대한 압박과 침략을 계속하고 있는 제국주의 열강을 물리쳐야 한다는 내용이 주를 이루었다.

이런 영향으로 많은 사람이 사회주의 사상에 관심을 갖게 되었다. 이를 지켜보던 러시아는 중국의 공산당 수립에 도움을 주고자 발 빠르게 움직였다. 1920년 보이틴스키라는 인물이 상하이를 방문했다. 그와 함께 천두슈와 마오쩌둥을 중심으로 중국 공산당이 만들어졌다. 첫 발기인 대회에 참여했던 인원은 13명이었다. 그러나 얼마 지나지 않아 러시아 혁명에 자극받은 학생과 지식인을 중심으로 공산당에 가입하는 국민의 숫자는 빠르게 늘었다.

마침 이때, "민중의 힘으로 중국을 통일하고 완전한 독립을 이루자."라는 목표로 국민당을 세운 쑨원이 손을 내밀었다. 그 덕분에 공산당원들은 개인 자격으로 국민당에 입당할 수 있었다. 이것이 제1차 국공 합작이다. 중국 국민당과 공산당이 서로 협력 관계를 맺은 것이다. 공산당은 국민당 조직을 통해 세력을 확장하는 것이 불리할 것 없다는 판단을 내렸다. 실제로 국민당에 가입한 당원들은 공산당의 확산을 위해 노력을 아끼지 않았다.

이런 노력으로, 공산당을 비롯한 좌파 세력에 대해 국민당 내부의 견제가 끊이지 않았음에도 불구하고 1926년 개최된 국민당 전당 대회에서 공산당이 중앙 위원을 과반수 이상 확보했다. 또 중공업 지대가 많은 우한이 새 수도로 정해짐에 따라 공산당은 노동자와 농민의 도움을 얻어 더욱 세력을 확대할 수 있었다.

그러는 동안 북방 지역의 군벌을 대부분 제압하고 국민당의 실세로 부각한 장제스는 우한을 떠나 난징에 국민당 정부를 세우고 주석에 취임했다. 이 과정에서 장제스는 공산당원을 체포하거나 이에 응하지 않는 당원을 살해하기도 했다. 결국 우한 정부는 해체되고 국공 합작도 끝이 났다.

국민당에게 밀린 공산당 세력은 도시를 중심으로 무장 봉기를 시도했지만, 국민당 정부의 탄압으로 성공하지 못했다. 이때 마오쩌둥이 나서서 전술적 변화를 시도했다.

"도시가 아닌 농촌을 중심으로 투쟁해야만 우리의 혁명이 성공할 수 있습니다."

마오쩌둥은 1928년 장시성의 징강산으로 들어갔다. 이때 약 천여 명의 농민과 광산 노동자가 그를 따랐다. 이곳을 근거지로 마오쩌둥은 국민당을 기습적으로 공격하는 유격 활동을 펼쳤다. 그러자 주더와 린뱌오 등 또 다른 공산당 지도자들이 모여들었고, 마오쩌둥은 이들과 함께 중국공농홍군(일반적인 명칭은 '홍군')을 조직했다. 이때 마오쩌둥은 '3대 기율'과 '6대 주의'라는 엄격한 규율을 마련해 지키도록 했다.

마오쩌둥은 점령한 지역의 토지를 농민들에게 골고루 나누어 주

었기 때문에 농민들의 지지를 받아 홍군의 숫자도 더욱 늘어 갔다. 1930년 11월에는 장시성에 중화소비에트공화국(혹은 '강서소비에트')을 세웠다. 마오쩌둥은 다시 도시로 눈을 돌려 노동자의 지지를 받고자 했다. 하지만 홍군은 아직 국민당 정부군에 맞서 싸울 만한 세력이 못 되었다. 국민당 정부는 공산주의 세력이 확장하는 것을 우려하여 홍군을 거칠게 몰아붙였다. 1930년 12월에는 홍군의 뒤를 쫓아 포위하기도 했다. 홍군은 국민당 정부군을 소비에트 지역으로 유인해 일시적인 승리를 거두긴 했지만, 계속되는 국민당 정부군의 공격에 거듭 쫓기지 않을 수 없었다.

"공산당의 씨를 말려야 한다!"

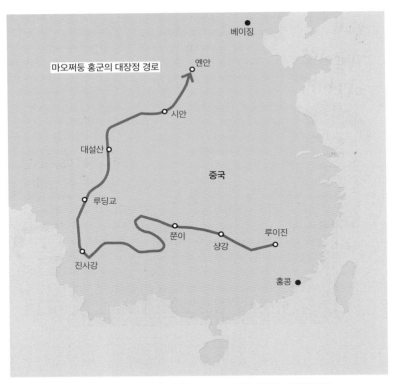

11개 성과 18개 산맥, 17개의 강을 건넌 1만 2,500킬로미터의 대장정 경로

　장제스는 서슬 퍼런 명령을 내리며 1930년 말부터 1934년에 이르기까지 약 200만 명의 병력을 앞세워 홍군을 공격했다. 결국 마오쩌둥은 중화소비에트공화국을 포기하고, 10만여 명의 홍군을 이끈 채 서쪽으로 달아나기 시작했다. 이를 '대장정'이라고 부른다.

　1934년 10월, 마오쩌둥이 이끄는 홍군은 일단 '국민당 정부군이 따라올 수 없는 곳'이라는 목표만 세운 채 뚜렷한 목적지도 없이 길을 나섰다. 하지만 정부군의 추격도 집요해서 곳곳에서 전투가 벌어졌다. 특히 정부군은 비행기 폭격을 비롯해 외세로부터 얻은

신식 무기로 홍군이 가는 길마다 공격을 퍼부었고, 이때마다 수많
은 홍군이 목숨을 잃었다.

그럼에도 불구하고 홍군은 계속 앞으로 나아가 대륙을 남북으
로 횡단했다. 11개의 성을 지나고, 18개의 산맥을 넘고, 17개의 강
을 건넜다. 그렇게 1만 2,500킬로미터를 걷고 또 걸어서 도착한 곳
이 산시성 옌안이었다. 대장정이 끝났을 때 살아남은 홍군은 고작
4천 명에 불과했다.

그러나 대장정을 통해 마오쩌둥은 당 권력을 완전히 장악했다.
중화소비에트공화국 시절 중앙당의 권력에 영향력을 미쳤던 유학
파들은 대장정 중에 다른 곳으로 떠나 버렸지만 마오쩌둥은 병사
들과 함께하면서 신망을 얻었다. 대장정은 마오쩌둥에게 크나큰

정치적 자산이 되었고, 훗날 그가 중국의 혁명을 주도할 수 있는 큰 힘이 되었다.

국민당을 물리치고 중화인민공화국을 세우다

대장정이 끝난 뒤에도 국민당 정부는 홍군을 향한 공격을 늦추지 않았다. 장제스의 생각이 확고부동했기 때문이다.

'훗날 공산당은 중국에 가장 큰 위협이 될 것이다!'

그런데 하필이면 그때 일본의 침략이 시작되었다. 하지만 일본군이 남만주를 거쳐 내륙으로 진출하고 있는데도 장제스는 홍군을 공격하는 데만 열을 올렸다. 주위에서 이런 그를 말려 보기도 했다.

"잠시라도 홍군과의 싸움을 멈추고 일본군을 막아야 합니다."

그러나 장제스는 그런 주장이야말로 공산당을 돕는 것이라며 홍군에 대한 공세를 멈추지 않았다.

이번에는 장제스의 오른팔이자 군벌의 수장으로 알려진 장쉐량이 나섰다. 그는 1936년 장제스를 납치해 감금하고는 일본군과 맞서 싸워야 한다고 강조했다. 게다가 이듬해 7월에는 중일 전쟁이 일어났기 때문에 장제스는 하는 수 없이 두 번째로 공산당과 손을 잡아야 했다. 이것이 제2차 국공 합작이다.

이 틈을 타서 공산당은 한편으로는 일본군과 싸우면서 또 한편으로는 다시 세력을 확장시켜 나갔다. 얼마 지나지 않아 홍군은 민병대까지 합쳐 약 150만 명에 달하는 규모로 성장했다. 장제스는 심각한 위협을 느끼고 국공 합작 중에도 공산당에 대한 견제와 감시를 게을리하지 않았다. 공산당이 지배하고 있는 지역에 대해 봉쇄 조치를 내리기도 하고, 심지어 홍군을 습격하기도 했다.

1945년 일본군이 항복하고 물러가자 국민당 정부군과 홍군 사이에 본격적인 싸움이 시작되었다. 그런데 홍군은 이제 예전 같지 않았다. 일본군이 지배하고 있던 지역을 재빨리 차지해서 농민들의 지지를 얻었고, 만주 지역을 차지한 소련군에게서 일본군이 버리고 간 무기를 넘겨받아 군사력을 강화했다. 더구나 공산당은 지주에게서 빼앗은 땅을 농민들에게 나누어 주겠다고 밝혔기 때문에 많은 지역 농민들이 공산당 편을 들기 시작했다.

결국 1946년 내전이 시작되어 치열한 싸움이 전개되었다. 처음에는 국민당 정부군이 홍군을 밀어붙이는 것 같았다. 홍군은 곳곳에서 쫓기며 거듭 후퇴했다. 하지만 사실 이것은 정부군을 여러 곳으로 흩어지게 해서 힘을 뺀 뒤 반격하려는 홍군의 전략이었다. 과연 홍군의 작전에 말려든 정부군은 홍군이 반격하자 당황하기 시작했다. 이에 더해 국민당 정부의 부패와 무능에 실망하고 있던 국민들마저 정부군에 등을 돌리고 홍군을 지지했다. 이후부터는 홍군이 곳곳에서 승리했다. 그들은 톈진과 베이징을 순식간에 점령한 뒤, 이름을 '인민 해방군'으로 바꾸었다.

인민 해방군은 1949년 양쯔강을 넘어 국민당 정부의 수도인 난징까지 들이닥쳤다. 이때부터 국민당 정부는 혼란에 빠졌고, 전선을 지키던 정부군 사이에서도 이탈자가 생겨나기 시작했다. 결국 오래지 않아 정부군은 난징을 버리고 남쪽으로 후퇴하고 말았다.

그리고 10월 1일, 톈안먼(천안문) 앞에서 마오쩌둥은 중국 국민들에게 이렇게 외쳤다.

"중화인민공화국의 탄생을 선언한다!"

반면 장제스는 얼마 뒤 병사 50만 명을 이끌고 타이완으로 피난을 떠났다.

중국 본토 대부분을 차지한 마오쩌둥은 임시 헌법을 만들고 1950년 6월 토지 개혁법을 발표했다. 이때 지주로부터 빼앗은 토지를 국민에게 나누어 주었다. 그 덕분에 한동안 마오쩌둥은 국민의 열렬한 지지를 받았다. 자신감이 생긴 마오쩌둥은 이른바 '대약진 운동'을 펼쳤다. 공업과 농업을 빠르게 발전시켜 영국과 미국을 따라잡자는 취지였다.

하지만 대약진 운동은 기술이나 운영 면에서 모두 미숙했고, 측근들도 실상을 제대로 보고하지 않아서 시도하는 사업마다 실패로 돌아갔다. 무엇보다 끔찍한 것은 수천만 명의 사람들이 굶어 죽었다는 점이다. 공산당 간부 펑더화이가 비밀리에 편지를 보내 대약진 운동을 다시 생각해 봐야 한다고 충고했지만, 마오쩌둥은 그의 말을 듣지 않았다. 도리어 펑더화이를 기회주의자로 몰며 그의 측근들까지 제거해 버렸다. 그러는 사이에 국민들의 생활은 점점 더 어려워졌다. 훗날 덩샤오핑이 등장하여 일대 혁신을 가져올 때까지 마오쩌둥의 독재는 계속되었다.

열기구 탈출 대작전
– 베를린 장벽의 붕괴와 냉전의 종식

열기구로 베를린 장벽을 넘다

1979년 9월 16일, 자정이 막 지난 시각이었다. 베를린 장벽(1961년 동독 정부가 동베를린과 서베를린 경계에 쌓은 콘크리트 담장) 동쪽 하늘 위에서 작은 불빛이 한참 동안 반짝였다. 불빛은 조금씩 조금씩 서쪽을 향해 움직이고 있었다. 베를린 장벽의 동쪽과 서쪽에는 각각 군인들이 무장을 하고 삼엄하게 경비를 서고 있었다.

그런데 어느 쪽 군인들도 하늘에 떠서 움직이는 불빛은 보지 못한 것 같았다. 만약 불빛이 군인들의 눈에 띄었다면 동쪽 군인들은 즉시 사격을 가했을 것이다. 왜냐하면 장벽이 생긴 이래로 공산주의 국가인 동독 사람들이 서독 쪽으로 끊임없이 탈출을 시도했기 때문이다. 성공한 사람들도 있었지만, 상당수는 탈출 과정에서 동독 군인들의 총에 맞아 목숨을 잃었다. 물론 서쪽 군인들도 가만히 보고만 있지는 않았을 것이다. 자유를 찾아 탈출하는 사람들도 물론 있었지만, 만에 하나 적이 침투하는 것일 수도 있기 때문이다.

이윽고 새벽 2시, 불빛은 베를린 장벽을 완전히 넘어 서쪽으로 10여 킬로미터 지점에 이르더니 서서히 땅으로 내려왔다. 뜻밖에도 그것은 아주 엉성하게 만든 열기구였다. 열기구 안에는 무려 여덟 명이 타고 있었다. 이들 중 아이들만 넷이었다. 열기구가 나지막한 언덕에 내리자 어른들이 먼저 나와 사방을 살폈다. 그중 한 사람이 피터 스트렐지크였다.

스트렐지크가 언덕을 내려와 사방을 두리번거리고 있자니 서독

의 경찰관이 열기구를 발견하고 다가왔다. 그때 스트렐지크는 안도의 한숨을 내쉬었다. 그러면서도 혹시 몰라 경찰관에게 물었다.

"여기는 서독입니까?"

"물론 이곳은 서독입니다."

경찰관이 씩 웃으며 대답했다. 그제야 바짝 긴장하고 있던 스트렐지크와 나머지 일곱 명도 '살았다!' 하는 표정을 지었다.

스트렐지크의 동독 탈출 시도는 이번이 처음이 아니었다. 1년 전, 그는 이웃집 남자아이가 베를린 장벽을 넘다가 총에 맞아 목숨을 잃었다는 안타까운 소식을 들었다. 그때부터 탈출을 준비했지만, 온 가족이 동시에 동독으로 달아날 방법이 마땅치 않았다. 동독 사람들의 탈출 시도가 늘어날수록 동독 군인들의 수비는 더욱 삼엄해졌다. 그래서 고민 끝에 생각해 낸 것이 열기구였다.

스트렐지크는 몇 개월 동안 열기구에 대해 공부했다. 책이란 책은 다 사 모아 열기구를 만드는 법부터 날아오르게 하는 법까지 익혔다. 열기구를 만들 재료를 조금씩 나누어 비밀리에 사들인 뒤 마침내 엉성하게나마 열기구를 만드는 데 성공했다.

어느 날 밤, 스트렐지크는 이웃 가족과 함께 열기구에 올랐다. 열기구는 하늘 높이 올라갔다. 이제 조금만 더 날아가면 서독이었다. 그러나 너무나 아쉽게도 열기구는 베를린 장벽을 200여 미터 앞두고 땅으로 곤두박질치고 말았다. 이를 본 동독의 국경 수비대가 달려왔다. 가까스로 수비대를 따돌린 스크렐지크는 몇 달 동안 다시 열기구를 만들었다. 두 번째 비행은 성공적이었다. 스트렐지

크는 베를린 장벽을 넘었고, 서독 경찰의 안내에 따라 무사히 서독
으로 탈출할 수 있었다.

갈라진 독일

제2차 세계 대전이 끝났을 때, 연합국은 독일을 분할하여 통치하
기로 했다. 영국은 서북부를, 프랑스는 남서부를, 미국은 남동부를
맡았고, 동부는 소련이 맡기로 했다. 이런 이유로 훗날 영국, 프랑

스, 미국이 차지한 서쪽 지역에는 자본주의 국가인 서독이 들어섰고, 소련이 점령한 지역에는 공산주의 국가인 동독이 들어섰다. 심지어 수도였던 베를린조차 동베를린과 서베를린으로 갈라졌다.

그런데 베를린은 소련이 점령한 지역에 있었으므로 서베를린은 '육지의 섬'이라는 별명이 생겼다. 이처럼 전후 독일은 서독과 동독, 서베를린과 동베를린으로 나뉘어 미국과 소련을 중심으로 한 냉전(제2차 세계 대전 이후 벌어진 자본주의와 공산주의의 대립) 논리에 따라 서로 다른 운명의 길을 걷게 되었다.

"지금 동부 유럽에서는 소련을 중심으로 공산주의 국가가 빠르게 늘고 있습니다. 공산 국가가 더 이상 늘지 않게 하려면 유럽 국가들에게 경제 원조를 해 주어야 합니다."

1947년 6월, 미국의 국무 장관 마셜이 이런 주장을 했다. 실제로 이즈음 소련은 폴란드, 체코슬로바키아, 헝가리, 루마니아 등을 지원해 공산주의 정부가 들어서도록 도왔다. 미국은 이를 저지하는 동시에 유럽의 상품 시장을 확대하기 위해 마셜이 주장한 '마셜 플랜'을 실행에 옮기기로 했다. 유럽의 많은 나라들이 실제로 이 계획으로 도움을 받았으며, 이로써 제2차 세계 대전 이후 침체되었던 경제가 되살아나기 시작했다. 자본주의 진영이 차지한 서쪽 독일도 빠른 속도로 경제가 회복되었다. 반면 소련은 전쟁 배상금 대신 동쪽 독일의 공장에 남은 기계를 가져가고, 철도 1만 킬로미터를 뜯어 갔다. 그래서 천여 개의 공장이 문을 닫았고, 동쪽 독일의 경제는 후퇴할 수밖에 없었다.

　1948년에는 미국을 중심으로 한 자본주의 진영에서 서쪽 독일에 화폐 개혁을 실시했다. 이로 인해 서쪽 독일의 시민들은 물건을 사기가 더 수월해졌고, 경제도 더욱 활기를 띠었다. 소련도 이에 대응하고자 동쪽 독일의 화폐 개혁을 추진했다. 그리고 베를린 전 지역에서 자신들이 발행하는 오스트마르크를 사용해야 한다고 선포했다.

　물론 미국과 영국, 프랑스는 이에 반대했다. 서베를린은 그들이 관리하는 지역이었기 때문이다. 소련은 경제 주도권을 빼앗길지 모른다는 불안감에 서베를린으로 들어가는 모든 길을 막고 전기와 물까지 끊어 버렸다. 베를린은 봉쇄되었다. 미국과 서유럽 국가들이 소련과 협상에 나섰지만 소련은 한 치의 양보도 하지 않았다.

"일단 서베를린 사람들을 살려야 합니다. 비행기로 필요한 물품을 수송해 시민들에게 전달합시다."

베를린 봉쇄가 시작된 1948년 6월부터 이듬해 5월까지 약 1년 동안 미국의 수송기는 하루에도 수십 번씩 서베를린으로 물자를 실어 날랐다. 이런 소동이 끝나고 나서 서쪽 독일에는 독일연방공화국(서독)이, 동쪽에는 독일민주공화국(동독)이 들어섰다. 이로써 독일은 완전히 분단되었다. 그로부터 12년 뒤, 베를린을 가로지르는 장벽이 세워졌다.

"국경이 폐쇄되었다!"

1961년 8월 12일 자정, 동독 군인들이 소리쳤다. 동독의 군인들과 경찰들은 이날 국경을 폐쇄하고 베를린을 동서로 가로지르는 43킬로미터의 철조망을 설치했다. 서베를린 외곽을 감싸는 철조망은 무려 156킬로미터였다. 이듬해에는 철조망 가까이 세워져 있던 건물들이 철거되었고, 1965년부터 콘크리트 벽이 들어섰다. 1975년부터는 더욱 두껍고 높은 겹겹의 장벽이 세워졌다. 높이는 3.6미터였고, 폭은 1.2미터나 되었다. 감시탑도 116곳에 설치되었다. 서독 사람들은 이것을 '수치의 벽'이라 불렀고, 동독에서는 '반파시즘 방어벽'이라 불렀다.

이 장벽에 대해 소련의 흐루쇼프는 "서방의 첩보 공작을 막기 위한 것이다!"라고 주장했지만, 그 말은 핑계에 불과했다. 동독 정부에서 베를린 장벽을 쌓은 이유는 무엇보다 동베를린에서 서베를린으로 탈출하는 사람들이 많아서였다. 미국의 원조 이후 발전을 거듭한 서독 정부는 동독 사람들이 넘어올 경우 정착 지원금을 지급하는 등 동독보다 경제적인 여유를 보였다. 동독의 공산주의가 싫어서 서독으로 향하는 사람도 많았다. 그래서 동쪽에서 서쪽으로 국경선을 넘으려는 시도가 끊이지 않았다. 동독 정부는 장벽을 쌓아서라도 이를 막고자 했던 것이다.

베를린 장벽이 들어서면서 동쪽과 서쪽의 모든 것이 단절되었다. 동독 정부는 서독과의 교류를 모두 차단하고 서독의 방송 수신도 금지했다. 양쪽 정부 사이의 긴장은 훨씬 커졌지만, 동독을 탈출하려는 시도는 계속되었다. 1961년부터 1989년까지 5천여 명이 탈출을 시도했고, 그 과정에서 100~200명이 목숨을 잃었다.

1989년 9월, 동독 주민 1만여 명이 무더기로 동독을 탈출하는 사건이 발생했다. 동독 내에서 대대적인 반정부 시위가 자주 일어나고 있던 상황이었다. 시위의 가장 큰 이유는 경제 파탄이었다. 제조업 생산력이 20여 년 사이에 서독의 30퍼센트 수준으로 떨어져 생활 필수품도 부족했다. 국가 부채가 천문학적으로 늘어나고 있었고, 소련의 경제 사정이 나빠지면서 에너지와 원자재의 공급도 수월하지 않았다. 이런 문제를 해결하라며 동독 사람들이 거리로 뛰쳐나왔다. 11월 6일 하루에만 30만 명이 시위를 벌였다.

동독 정부는 어떻게든 시민들의 불만을 잠재워야만 했다. 그리하여 급히 여행 자유화 방안에 대해 논의하기로 결정했다.

11월 9일, 동독의 정치국 대변인 귄터 샤보브스키가 여행 자유화 방안에 대한 기자 회견을 열었다.

"앞으로 누구나 해외 여행 신청이 가능합니다."

"그렇다면 언제부터 가능합니까?"

기자의 질문을 받은 샤보브스키는 허둥댔다. 사실 샤보브스키는 대변인이 된 지 며칠 되지 않아 정부에서 논의된 내용을 제대로 알고 있지 못했다. 정부에서 내놓은 여행 자유화 방안은 규제를 완화해서 동독 주민들의 불만을 진정시키려는 것이었지, 여행을 완전히 자유화하려는 것은 아니었다. 그런데 샤보브스키는 서류를 뒤적이다가 큰 실수를 저지르고 말았다.

"지금 당장 가능합니다!"

그의 발언은 곧바로 텔레비전으로 방송되어 이 소식을 들은 동독 사람들이 베를린 장벽으로 달려갔다. 보른홀머 거리(최초로 베를린 장벽이 붕괴된 곳)를 지키던 동독 국경수비대장 하랄드 중령은 물밀 듯이 몰려오는 시민들을 보고 영문을 몰라 국무부에 전화를 걸었다. 그러자 국무부 쪽에서는 그 말이 사실이냐고 거듭 물었고, 이에 하랄드 중령은 전화기를 밖으로 빼내 시민들의 함성 소리를 들려주었다.

국무부에서는 뭐라고 쉽게 답을 주지 못했다. 경비 초소 밖에서는 동독 시민들이 장벽을 열라며 소리를 질러 대고 있었고, 경비병들은 그들에게 총을 겨누고 있었다. 하랄드 중령은 시민들의 요구를 들어주든가, 아니면 그들을 총으로 막든가 선택해야 했다. 몇 분

동안 초조하게 고민하던 중령이 드디어 경비병들에게 말했다.

"장벽을 시민들에게 개방하라!"

그의 명령에 병사들은 물러났고, 동독 사람들은 일제히 장벽 위로 오르기 시작했다. 사람들은 도끼 혹은 망치로, 그 밖에 온갖 방법으로 베를린 장벽을 부수기 시작했다. 몇몇 사람들은 담장 위에 올라가 노래를 불렀고, 어떤 사람들은 춤을 추었다. 얼마 후, 서독 사람들이 달려왔다. 이들은 서로 부둥켜안고 울며 함께 장벽을 부수었다.

1년 뒤, 서독과 동독은 정식 절차를 밟아 통일을 이루었다. 분단된 지 41년 만의 일이었다.

1908년	• 청년 터키당이 혁명을 일으켰다.
1914년~1918년	• 제1차 세계 대전이 일어났다.
1918년	• 미국의 윌슨 대통령이 14개조 평화 원칙을 발표했다.
1919년	• 베르사유 조약이 체결되었다.

• 중국에서는 5·4 운동이 일어났다. 5·4 운동의 직접적인 원인은 파리 강화 회의였다. 제1차 세계 대전이 끝나고 전승국들이 프랑스 파리에 모여 회의를 했는데, 이 회의에서 "독일이 중국 산둥성에 가지고 있던 모든 권리를 일본에 양보한다."라는 내용을 통과시켰다. 소식을 들은 중국의 수많은 학생들이 5월 4일 천안문 광장에 모여 거친 시위를 벌였다. 이후 학생과 시민들은 국산품 장려와 일본 상품 불매 운동을 외치며 거듭 시위를 벌였다. 처음에는 시위를 탄압했던 베이징의 군벌 정부도 결국 파리 강화 회의 조인을 거부할 수밖에 없었다. 우리나라에서 일어난 3·1 운동에 자극받은 5·4 운동은 이후 더 조직적인 항일 운동으로 번져 나갔다.

1920년	• 국제 연맹이 창설되었다.
1923년	• 터키 공화국이 수립되었다.

한때 유럽을 떨게 만들었던 대제국 오스만은 제1차 세계 대전 이후 대부분의 식민지를 잃고 연합국에 국가의 운명을 맡겨야 할 상황이었다. 이때 청년 터키당에서 활동하던 케말 파샤가 새로운 국가를 만들자며 나섰다. 그는 영국군과의 전투에서도 이긴 적이 있는 군인이었기 때문에 국민들에게 인기가 높았다. 케말 파샤는 앙카라(오늘날의 터키 수도)에서 의회를 구성했다. 하지만 오스만 제국의 술탄 정부는 그를 인정하지 않고 쫓아내려 했다. 그러나 때마침 오스만 제국을 침공한 그리스를 케말 파샤가 물리치자 그의 인기는 더욱 올라갔다. 케말 파샤는 1922년 11월 술탄 제도를 폐지하고 이듬해 10월 터키 공화국의 첫 번째 대통령에 취임했다.

1929년	• 미국에서 대공황이 발생했다.

제1차 세계 대전으로 유럽은 황폐화되었지만, 미국은 큰 기회를 잡았다. 유럽에 빌려주었던 돈이 이자에 이자를 낳았고, 수출도 잘되었으며, 덕분에 경제는 호황을 맞았다. 희망을 품게 된 미국 사람들은 주식에 관심

을 갖기 시작했다. 주식으로 돈을 벌 수 있다는 기대에 많은 사람들이 주식을 샀다. 그렇게 기업에 투자된 돈으로 공장이 들어서고 생산도 크게 늘었다. 하지만 오래지 않아 물건이 남아돌기 시작했다. 물건값이 점점 떨어졌고, 사람들은 주식을 팔려고 내놓았다. 하지만 팔려는 사람들이 몰리자 주식값은 더 떨어졌다. 그러던 10월 24일 미국의 주식값이 폭락했다. 이것이 시작이었다. 10월 29일에는 더 큰 폭으로 주식값이 떨어졌고, 대부분의 주식이 휴지 조각이 되고 말았다. 은행이 문을 닫았고, 공장이 멈추었다. 사람들은 직장을 잃었고, 소비가 줄면서 경제가 멈추었다. 주식을 사느라 빚을 진 많은 사람이 스스로 목숨을 끊기도 했다. 또한 대공황의 여파는 유럽을 비롯해 전 세계로 퍼져 나갔다.

1930년
• 소금세의 폐지를 주장하며 간디가 소금 행진을 벌였다. 영국은 인도 국민들에게 영국에서 들여온 소금만 사 먹어야 한다는 소금법을 제정한 다음 소금에 높은 세금을 매겼다. 가난한 사람은 값비싼 영국 소금을 도저히 구할 수가 없었다. 1930년 3월, 간디는 "우리가 직접 소금을 구하러 갑시다."라고 외치며 동료 78명과 함께 행진을 시작했다. 인도 서부의 사바르마티강에서 출발하여 단디 해안가까지 300킬로미터가 넘는 이 여정에 수많은 인도인들이 참여했다.

1933년
• 히틀러가 독일 총리가 되었다.
• 미국에서는 뉴딜 정책이 실시되었다.

1937년
• 중일 전쟁이 일어났다.

1939년
• 제2차 세계 대전이 일어났다.

1941년
• 일본이 미국의 진주만을 폭격하여 태평양 전쟁이 시작되었다. 제2차 세계 대전이 일어났을 때 일본은 독일, 이탈리아 함께 삼국 동맹을 맺었다. 그러자 미국은 일본에 대한 석유 수출을 중단하고 경제 봉쇄 정책을 폈다. 갑작스럽게 경제 위기를 맞게 된 일본은 미국에 봉쇄를 풀어 달라고 했지만, 미국은 삼국 동맹을 파기하고 중국과 인도차이나반도에서 물러날 것을 요구했다. 대화로 상황을 해결하기 어렵다고 판단한 일본은 1941년 12월 7일 새벽, 대규모 폭격기를 하와이의 진주만으로 보내 해안에 정박해 있던 미국 전함들을 무차별적으로 폭격했다. 미국은

전쟁 막바지에 일본은 어떻게든 연합군을 이겨 보려고 자살 특공대인 가미카제를 조직했어. 폭탄을 잔뜩 실은 비행기로 연합군의 배에 충돌하는 거지.

자살 특공대라니, 어떻게 그런 생각을 하지? 병사들이 무슨 죄야?

비행사 중에 조선 사람도 있었대. 너무 안타까워.

막대한 피해를 입었으며, 3일 뒤 미국 의회는 전쟁을 선포했다.

1945년
· 제2차 세계 대전이 끝났다. 일본은 8월 15일 연합군에 무조건 항복을 선언했다.

1947년
· 미국이 마셜 플랜을 발표했다.

1949년
· 중화인민공화국이 수립되었다.

1950년
· 한국 전쟁이 일어났다.

1962년
· 미국이 쿠바를 봉쇄했다. 쿠바는 1959년 카스트로의 혁명과 소련의 도움으로 공산주의 국가로 자리를 잡아 가고 있었다. 미국은 가까이 있는 쿠바가 공산주의가 되는 것을 탐탁지 않게 여겨 침공 계획을 세우기도 했다. 그러다 소련의 도움으로 쿠바에 핵미사일이 배치되었다는 사실을 알게 되고, 곧바로 해상 봉쇄령을 내렸다. 또한 소련에게 "미국에 핵무기 하나라도 터뜨렸다가는 몇 배의 핵무기를 소련에 퍼붓겠다."라며 엄포를 놓았다. 물론 소련도 가만있지 않겠다고 선언했다. 긴장이 고조되던 가운데 소련의 흐루쇼프가 "미국이 쿠바를 침공하지 않겠다면 쿠바에 배치한 미사일을 철수하겠다."라는 내용의 편지를 보내면서

충돌은 막을 수 있었다.

1964년
- 베트남에서 통킹만 사건이 발생했다. 이 사건을 계기로 미국이 베트남 전쟁에 참전했다.

1966년
- 중국에서 문화 대혁명이 일어났다.

1968년
- 체코슬로바키아에서, '프라하의 봄'이라 불리는 민주화 운동이 일어났다. 이 해에 체코의 공산당 중앙 위원회 총회에서 개혁파가 등장하면서 '인간의 얼굴을 가진 사회주의'를 주창했다. 이들은 재판의 독립, 사전 검열 제도 폐지, 민주적 선거 제도, 언론과 출판의 자유와 해외 여행 자유화 등을 주장했다. 이에 따라 많은 정당 및 정치 단체가 부활했으며, 의회는 활발한 정치 논의를 할 수 있게 되었다. 국민들 역시 자유화에 힘을 보탰고, '프라하의 봄'이라며 지지했다. 하지만 소련은 체코가 공산주의에서 이탈할 것을 우려하였고, 또한 동유럽에 자유화의 영향이 미치는 것을 원하지 않았다. 그래서 군대를 보내 체코를 침공했다. 그리고 개혁파의 지도자를 제거함으로써 프라하의 봄은 막을 내렸다.

1969년
- 미국의 아폴로 11호가 달에 착륙했다.

1972년
- 미국의 닉슨 대통령이 중국을 방문했다.

1973년
- 제1차 석유 파동이 일어났다. 10월 6일, 시리아와 이집트가 이스라엘을 기습 공격하면서 4차 중동 전쟁이 일어났다. 그러자

석유 파동이 하필이면 겨울에 닥쳐서 난방을 하지 못해 얼어 죽는 사람도 생겼대.

우리나라에서도 학교도 못 가고, 집에 불도 못 켜는 소동이 있었다더라.

미국이 이스라엘에 무기를 공급하는 등 지원에 나섰다. 아랍권의 산유국들은 미국에 대항하기 위해 원유 수출가를 대폭 인상하고, 더불어 원유 생산을 줄여 나가기 시작했다. 또한 이스라엘 지원 국가에 대한 석유 수출 금지령을 내렸다. 이로 인해 전세계에 에너지 위기 사태가 닥쳤다.

1979년	• 소련이 아프가니스탄을 침공했다.
1980년	• 이란과 이라크가 전쟁을 벌였다.
1985년	• 소련의 고르바초프가 개혁과 개방을 추진하기 시작했다. 소련의 새 지도자 고르바초프는 침체되어 있는 소련을 살리기 위해 정치와 경제, 사회생활 등 모든 분야에서 페레스트로이카(개혁)가 필요하다고 외쳤다. 더불어 고르바초프는 글라스노스트(개방)를 주장했고, 정부의 정책을 공개하고 토론을 활성화시켰다. 덕분에 수많은 정보가 공개되고, 해외의 유용한 물자와 기술이 빠르게 밀려 들어왔으며, 서방의 문화가 소개되었다. 또한 그는 핵전쟁을 반대했으며, 미소 정상 회담을 열어 중거리 핵 폐기 조약을 체결했다. 곳곳에 보낸 소련군을 철군시켰고, 마침내 미국의 대통령과 함께, "냉전은 끝났다."라고 선언했다.
1986년	• 소련의 체르노빌 원전 사고로 방사능이 유출되었다.
1989년	• 중국에서 학생들이 중심이 되어 민주화를 요구하는 톈안먼 사건이 발생했다. • 독일에서 베를린 장벽이 무너졌다.
1991년	• 소련이 해체되었다.
1993년	• 유럽 연합이 출범했다. 제2차 세계 대전이 끝났을 때, 유럽 사람들은 또다시 전쟁이 터질까 봐 불안했다. 특히 독일이 언제 다시 힘을 키울지 몰라, 빠른 시일 내에 유럽을 공동체로 묶어 그 안에 독일을 넣어야겠다고 생각했다. 유럽 사람들은 우선 독일과 함께 유럽석탄철강공동체를 만들었다. 석탄과 철강이야말로 무기 제조에 가장 필요한 자원이었기 때문이다. 그 뒤에는 유럽경제공동체(1958년), 유럽원자력공동체가 만들어졌고(1958년), 이에 따라 유럽 사람들은 상당한 분야에서 협력하지 않으면 안 되었다. 그리고 마침내 유럽을 하나의 시장으로 묶는 유럽연합(EU)이 출범했다. 2002년부터는 하나의 화폐(유로)를 쓰기 시작했다.
2008년	• 미국 최초로 흑인 대통령 버락 오바마가 당선되었다.

2011년	• 후쿠시마 원전이 폭발해 수많은 사상자가 발생했다.
2020년	• 바이러스성 호흡기 질환인 코로나바이러스감염증-19가 전 세계를 덮쳤다. 세계보건기구는 3월 11일 코로나19에 대해 팬데믹(세계적 대유행)을 선포했다.

찾아보기

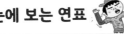

한눈에 보는 연표

세계사

기원전 3500년경
메소포타미아 문명 발생

3100년경
상·하이집트 통일

2500년경
황허 문명, 인더스 문명 발생

1750년경
함무라비 법전 제정

1200년경
트로이 전쟁

한국사

기원전 2333년
단군, 고조선 건국

589년
수나라 건국

527년
유스티니아누스 황제 즉위

476년
서로마 제국 멸망

4세기~6세기
민족 대이동

395년
동·서로마 분리

562년
대가야 멸망

610년
이슬람교 성립

618년
당나라 건국

960년
송나라 건국

1096년~1270년
십자군 전쟁

1185년
일본 가마쿠라 막부 시작

676년
신라의 삼국 통일
698년
대조영, 발해 건국

918년
왕건, 고려 건국
926년
발해 멸망

1145년
김부식 《삼국사기》 편찬
1170년
무신정변

1526년
무굴 제국 탄생

1519년~1522년
마젤란 세계 일주

1517년
루터 '95개조 반박문' 발표

1492년
콜럼버스 아메리카 대륙 발견

1467년
일본 전국 시대 시작

1534년
영국 국교회 설립

1600년
영국 동인도 회사 설립

1602년
메이플라워호 뉴잉글랜드에 정착

1616년
후금(청나라) 건국

1642년
청교도 혁명

1592년
임진왜란 발발

1636년
병자호란

1860년~1865년
미국 남북 전쟁

1860년
베이징 조약

1857년~1859년
세포이의 항쟁

1853년~1856년
크림 전쟁

1840년~1842년
아편 전쟁

1876년
강화도 조약 체결

1861년
김정호, 대동여지도 제작

1863년
링컨의 노예 해방 선언

1894년
청일 전쟁

1914년~1918년
제1차 세계 대전

1922년
소비에트 사회주의 공화국 연방(소련) 성립

1934년~1936년
홍군 대장정

1884년
갑신정변

1894년
동학 농민 운동, 갑오 개혁
1897년
대한제국 성립

1905년
을사조약
1910년
한·일 병합 강제 체결

1919년
3·1운동, 대한민국 임시 정부 수립

770년~221년 춘추 전국 시대	753년 로마 건국	597년~538년 바빌론 유수	6세기경 불교 창시	431년~404년 펠로폰네소스 전쟁

220년~265년 위·촉·오 삼국 시대	**기원후 206년** 한나라 건국	221년 진나라 건국	264년~146년 포에니 전쟁	334년~323년 알렉산더 대왕 페르시아 원정

기원후 42년 6가야 성립

37년 동명왕, 고구려 건국

18년 온조왕, 백제 건국

57년 박혁거세, 신라 건국

1219년~1225년 칭기즈 칸의 서역 원정	1271년 원나라 건국	1271년~1295년 마르코 폴로 동방 여행	1299년 오스만 제국 건설	14세기~16세기 르네상스 시대

1231년 몽골 침입

1237년~1248년 《고려 장경》 간행

1453년 동로마 제국 멸망	1370년 티무르 왕조 성립	1368년 명나라 건국	14세기 중반 유럽에 흑사병 유행	1337년~1453년 백년 전쟁

1388년 위화도 회군

1392년 조선 건국

1443년 훈민정음 창제

1688년 명예 혁명	1700년~1721년 북방 전쟁	1747년 보스턴 차 사건	1756년~1763년 백 년 전쟁	1769년 와트의 증기 기관 발명

1708년 대동법 전국 시행

1811년~1817년 기계 파괴 운동	18세기~19세기 산업혁명	1797년~1815년 나폴레옹 전쟁	1789년 프랑스 혁명 발발	1775년~1782년 미국 독립 전쟁

1805년~1863년 안동 김씨 세도 정치

1811년 홍경래의 난

1939년~1945년 제2차 세계 대전	1949년 중화인민공화국 수립	1969년 아폴로 11호 달 착륙	1990년 독일 통일	1991년 소련 붕괴

1945년 8·15 광복

1948년 대한민국 정부 수립

1950년 6·25 전쟁 발발

1953년 휴전 협정 조인

1960년 4·19 혁명

1980년 5·18 민주화 운동

1987년 6월 민주 항쟁

세계사

한국사

사진 출처

14쪽 엘리자베스 1세 초상화 4점 ⓒ 위키미디어

16쪽 메리 1세 초상화 ⓒ 위키미디어

36쪽 베르사유 궁전 ⓒ 위키미디어 | Paolo Costa Baldi, 라이센스: GFDL/CC-BY-SA 3.0

41쪽 〈스트렐치 처형일 아침〉 ⓒ 위키미디어

54쪽 보스턴 차 사건 석판화 ⓒ 위키미디어

71쪽 도요토미 히데요시 초상화 ⓒ 위키미디어

73쪽 프리드리히 2세 초상화 ⓒ 위키미디어

115쪽 메리 시콜 초상화 ⓒ 위키미디어

145쪽 보어인 게릴라 부대 ⓒ 위키미디어

159쪽 독일 유보트 ⓒ 위키미디어

165쪽 히틀러의 디즈니 그림들 ⓒ www.lofotenkrigmus.no

168쪽 연설하는 히틀러 ⓒ 위키미디어

172쪽 에니그마 ⓒ 위키미디어 | Punishar

183쪽 대약진 운동 포스터 ⓒ 중국학 위키백과 SinoWiki | Lichujiezh

204쪽 베를린 장벽 붕괴 ⓒ 위키미디어 | Lear 21

207쪽 가미카제 ⓒ 위키미디어

*이 책에 사용한 사진은 저작권자의 허가를 받고 게재한 것입니다. 허가를 받지 못한 일부 사진에 대해서는 저작권자가 확인되는 대로 게재 허가를 받고 사용료를 지불하겠습니다.

교과서보다 먼저 읽는
첫 세계사 2

1판 1쇄 발행일 2020년 12월 30일 1판 2쇄 발행일 2021년 11월 10일

글쓴이 한정영 그린이 이창우 펴낸곳 (주)도서출판 북멘토 펴낸이 김태완

편집주간 이은아 편집 조정우 디자인 안상준 마케팅 최창호, 민지원

출판등록 제6-800호(2006. 6. 13.)

주소 03990 서울시 마포구 월드컵북로6길 69(연남동 567-11) IK빌딩 3층

전화 02-332-4885 팩스 02-6021-4885

ⓞ bookmentorbooks__ ⓕ bookmentorbooks ✉ bookmentorbooks@hanmail.net

ⓒ 한정영 2020

ISBN 978-89-6319-397-7 44900
     978-89-6319-395-3 44900(세트)

이 도서의 국립중앙도서관 출판예정도서목록(CIP)은 서지정보유통지원시스템 홈페이지(http://seoji.nl.go.kr)와 국가자료종합목록 구축시스템(http://kolis-net.nl.go.kr)에서 이용하실 수 있습니다. (CIP제어번호 : CIP2020052852)